Britta Schön

Hufschlagfiguren und Lektionen E bis A

Einbandgestaltung: Nicola van Ravenstein, r2

Titelbild: Britta Schön

Bildnachweis:
Forler: S. 38, 83, 88, 89 unten, 93
Privat: S. 82
Diacont: S. 6, 20, 80, 85, 87, 89 oben, 90, 91, 93
Alle übrigen Fotos und Zeichnungen stammen von Britta Schön.

Alle Angaben in diesem Buch wurden nach bestem Wissen und Gewissen gemacht. Sie entbinden den Pferdehalter nicht von der Eigenverantwortung für sein Tier. Für einen eventuellen Missbrauch der Informationen in diesem Buch können weder die Autorin noch der Verlag oder die Vertreiber des Buches zur Verantwortung gezogen werden. Eine Haftung für Personen-, Sach- und Vermögensschäden ist ausgeschlossen.

Dieses Buch wurde nach den geltenden Vorschriften der General Product Safety Regulation (GPSR) entwickelt. Bei Fragen oder Problemen wenden Sie sich bitte an den Verlag unter folgender E-Mail-Adresse: gpsr@paul-pietsch-verlage.de

ISBN 978-3-275-01728-7

9. Auflage 2025

Sie finden uns im Internet unter www.mueller-rueschlikon-verlag.de

Lektorat: Claudia König
Innengestaltung: Kerstin Diacont
Druck und Bindung: DZS GRAFIK d.o.o, 1210 Ljubljana, Slovenia
Printed in Slovenia

Folgen Sie uns für mehr Infos zu unseren Pferdebüchern auf:

 www.instagram.com/muellerrueschlikon.pferd

 www.facebook.com/muellerrueschlikonverlag

Einleitung   6

**1. Der Sinn der Figur:
    Warum reiten wir auf
    vorgegebenen Linien?**   8

1.1. Die Bahnpunkte   9
1.2. Die Bahnregeln   11

**2. Wann sind welche Figuren
    sinnvoll?**   14

2.1. Die Skala der Ausbildung   15

3. Sitz und Hilfengebung   20

3.1. Der Sitz des Reiters   21
3.2. Die Hilfengebung des Reiters   23
3.3. Die Paraden   24
3.4. Das Reiten von gebogenen Linien   24
3.5. Das Reiten von geraden Linien   27

4. Tempo-Variationen   28

4.1. Der Mittelschritt   29
4.2. Der Arbeitstrab   31
4.3. Tritte verlängern / Der Mitteltrab   32
4.4. Der Arbeitsgalopp   34
4.5. Galoppsprünge verlängern /
     Der Mittelgalopp   36

5. Die Hufschlagfiguren und Lektionen — 39

5.1. Ganze Bahn — 40
5.2. Halbe Bahn — 41
5.3. Durch die ganze Bahn wechseln — 42
5.4. Durch die halbe Bahn wechseln — 44
5.5. Durch die Länge der Bahn wechseln — 45
5.6. Durch die Länge der Bahn geritten — 46
5.7. Links um/Rechts um — 48
5.8. Der Zirkel — 49
5.9. Aus dem Zirkel wechseln — 52
5.10. Durch den Zirkel wechseln — 54
5.11. Zirkel verkleinern und vergrößern — 56
5.12. Einfache Schlangenlinie an der langen Seite — 57
5.13. Doppelte Schlangenlinie an der langen Seite — 58
5.14. Schlangenlinie durch die Bahn — 60
5.15. Volte — 62
5.16. Kehrtvolte — 64
5.17. Aus der Ecke kehrt — 65
5.18. Schenkelweichen — 66
5.19. Viereck verkleinern und vergrößern — 68
5.20. Vorhandwendung — 70
5.21. Ganze Parade — 73
5.22. Rückwärtsrichten — 75
5.23. Der einfache Galoppwechsel — 76
5.24. Zügel aus der Hand kauen lassen — 77
5.25. Überstreichen — 78

6. In der Abteilung — 80

6.1. Die Abteilung auf dem Turnier — 81
6.2. Hufschlagfiguren in der Abteilung — 83

7. Das Turnier — 85

7.1. Anforderungen im Turniersport bis hin zur Klasse A — 86
7.2. Auf dem Turnier — 92

Einleitung

Einleitung

Dieses Buch wurde weder als Reitlehre geplant noch als solche geschrieben.

Es möchte einerseits als Nachschlagewerk dienen, falls einzelne Anforderungen unverständlich oder problematisch geblieben sind, damit diese noch einmal im Detail nachvollzogen werden können.

Andererseits bietet es einen Überblick über die Grundlagenübungen der deutschen Reitweise, mit deren Hilfe sowohl junge Pferde zum Reitpferd ausgebildet werden als auch unerfahrene Reiter ein grundlegendes Können und Wissen um die Kommunikation mit dem Pferd erlangen.

Dennoch spielt die Reitlehre in diesem Zusammenhang eine große Rolle. In der deutschen Reitweise können verschiedene Komponenten zwar einzeln betrachtet, doch niemals auch einzeln umgesetzt werden. Ohne die richtige Einwirkung und Hilfengebung des Reiters können Hufschlagfiguren und Lektionen nicht korrekt absolviert werden. Andererseits tragen korrekt angelegte Übungen die richtige Hilfengebung schon in sich.

Letztlich geht es – wie immer! – um gutes und pferdegerechtes Reiten. Mit den in diesem Buch dargestellten Hufschlagfiguren und Lektionen wird dem Reiter ein kleiner Leitfaden an die Hand gegeben, der ihm die Richtung zu langfristigem Erfolg sowohl im harmonischen Miteinander mit dem Pferd als auch auf dem Turnier weist.

Mein Dank gilt den Reiterinnen, die sich mit ihren Pferden und Ponys für die Fotos zur Verfügung gestellt haben!

Britta Schön

Der Sinn der Figur

1

Warum reiten wir auf vorgegebenen Linien?

Kapitel 1 – Der Sinn der Figur: Warum reiten wir auf vorgegebenen Linien?

20 Meter kurze Seite, 40 bis 60 Meter lange Seite: Fertig ist die ganze Bahn des Reiters. In diesem Rahmen spielt sich oft ein Großteil des Reiterlebens ab. Hier werden Reiter und Pferd ausgebildet, hier werden Prüfungen absolviert und Erfolge errungen.

Während draußen im Gelände das freie Vorwärts vorherrscht, zwingt die Enge der Bahn Reiter und Pferd ständig um die Ecke, immer wieder in Wendungen und Biegungen. Beides – unbegrenztes Vorwärts und abgezirkelte Bahn – hat seinen Platz in der Ausbildung von Reiter und Pferd, beides ist wichtig und unverzichtbar.

Als Hufschlagfiguren bezeichnet man vorgegebene Linien, auf denen sich der Reiter innerhalb der Bahn bewegt. Lektionen sind Übungen, die bei der dressurmäßigen Arbeit mit dem Pferd absolviert werden. Beides hat sich in der deutschen Reitweise über einen langen Zeitraum entwickelt. Hier zeigt sich die gesammelte Erfahrung von vielen Reiter-Generationen.

Mit Hilfe von Hufschlagfiguren und Lektionen wird das Pferd gymnastiziert und lernt, unter dem Reiter sein Gleichgewicht zu finden und das Reitergewicht ohne Verspannungen oder Schmerzen aufzunehmen. Dabei wird die Kommunikation zwischen Reiter und Pferd deutlich verfeinert. Diese Ausbildung ist nicht nur für Reiter mit Turnierambitionen wichtig: Jedes Pferd profitiert von dieser gymnastizierenden Dressurarbeit.

Mit den Hufschlagfiguren und Lektionen der Klassen E und A, der untersten Klassen für Dressurprüfungen auf dem Turnier, erarbeiten sich Reiter und Pferd eine solide Basis für ein vertrauensvolles, problemloses Miteinander. Durch die gleichmäßige Arbeit auf beiden Händen wird das Pferd gymnastiziert und ins Gleichgewicht gebracht. Das Reiten von gebogenen Linien trägt dazu bei, das Pferd geradezurichten. Der begrenzte Raum fordert feine Kommunikation und punktgenaues Reiten.

Das bedeuten die Abkürzungen der Turnierklassen:

E = Eingangsstufe
A = Anfangsstufe
L = Leicht
M = Mittelschwer
S = Schwer

1.1. Die Bahnpunkte

Apropos punktgenau: Entlang des ersten Hufschlags an der Begrenzung der Reitbahn befinden sich die Bahnpunkte. (Der zweite Hufschlag, dritte Hufschlag usw. werden jeweils um etwas mehr als eine Pferdebreite nach innen versetzt geritten.) Diese Bahnpunkte rund um die Reitbahn dienen nicht nur der Orientierung und der Definition der Figuren, sondern sind auch ausgesprochen hilfreich bei der Selbstkontrolle des Reiters. Angehalten oder abgewendet wird

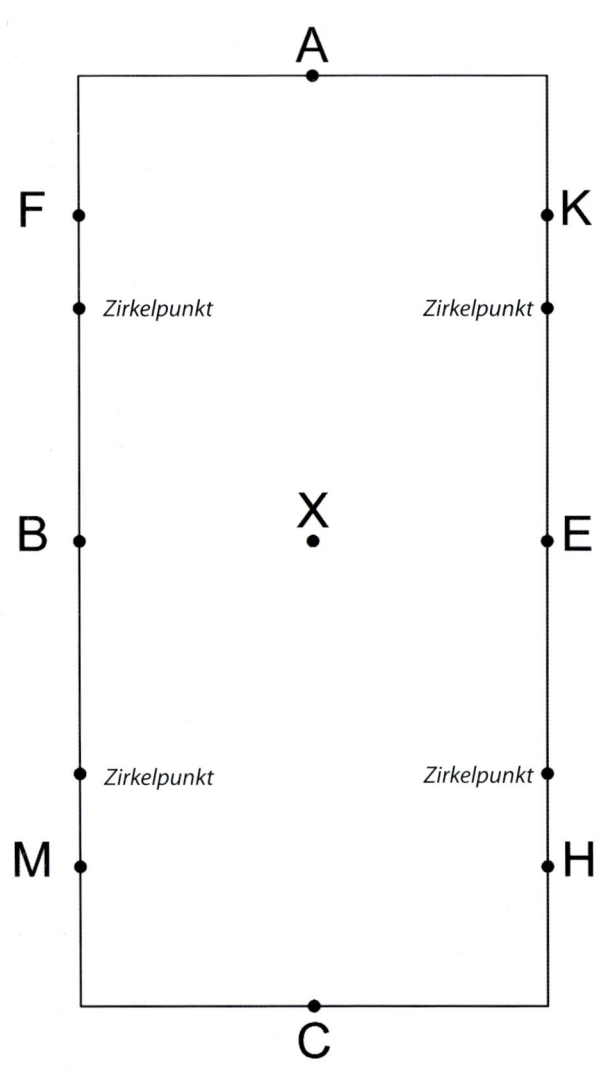

A

F   K

Zirkelpunkt   Zirkelpunkt

X

B   E

Zirkelpunkt   Zirkelpunkt

M   H

C

Die Bahnpunkte im Standard-Viereck.

nicht irgendwo, sondern am Punkt. Bei allem guten Willen fällt ein Selbstbetrug sonst allzu leicht: Eigentlich hat das Pferd ja gut reagiert, die paar Schritte Verzögerung bemerkt man kaum ... Ein Bahnpunkt jedoch bietet zugleich einen Ziel- und einen Kontrollpunkt, der unbestechlich ist und exakte Anforderungen stellt. Hier kann der Reiter überprüfen, ob die Feinabstimmung in der Kommunikation mit dem Pferd stimmt.

Folgende Punkte gibt es auf dem Standard-Viereck:

- Jeweils auf der Mitte der kurzen Seite liegen die Punkte A und C.
- Jeweils sechs Meter nach der Ecke an der langen Seite liegen die Wechselpunkte M, F, K und H.
- Jeweils auf der Mitte der langen Seite liegen die Punkte B und E.
- Jeweils zehn Meter nach der Ecke der langen Seite liegen die Zirkelpunkte. Sie werden nicht durch Buchstaben bezeichnet, sondern lediglich als Punkte gekennzeichnet.
- In der Mitte des Vierecks, auf dem Schnitt-punkt der Seitenhalbierenden, liegt der Punkt X. Er kann hier mitten in der Bahn nicht offen gekennzeichnet werden und wird daher gedacht.

Um sich diese Bahnpunkte zu merken, gibt es verschiedene Eselsbrücken. Beliebt sind folgen-de: »Mein Bester Freund Anton Kann Einen Heben. Cheers!« oder auch »Alle Kühe Essen Heu, Cälber Mögen Besseres Futter.« Wer eine Dres-suraufgabe aus dem Aufgabenheft – Reiten – der Deutschen Reiterlichen Vereinigung e.V. (FN) absolvieren möchte, sollte diese Punkte richtig zuordnen können und auch ihre Reihenfolge ken-nen, da alle Figuren mithilfe dieser Bahnpunkte beschrieben werden.

Die Bahnregeln im Überblick

- **Vor Betreten der Bahn: »Tür frei!«**
- **Nachgurten und Aufsitzen in der Mitte der Bahn**
- **Es herrscht Rechtsverkehr**
- **Im Schritt wird auf dem zweiten Hufschlag geritten**
- **Die ganze Bahn hat Vorrang vor dem Zirkel und vor Hufschlagfiguren**

1.2. Die Bahnregeln

Das Standard-Viereck misst genau 20 x 40 Meter. Der Raum ist also begrenzt. Und er wirkt umso enger, je mehr Reiter-Pferd-Paare sich darin tummeln. Hier offenbart sich ein ganz wichtiges Argument für das Einhalten der vorgegebenen Hufschlagfiguren: Sie schaffen Übersicht in der Bahn und ermöglichen vorausschauendes Reiten. Die Bewegungen anderer Reiter und Pferde können gut eingeschätzt werden, Zusammenstöße und Behinderungen werden weitgehend vermieden. Wie im Straßenverkehr ist auch in der Reitbahn gegenseitige Rücksichtnahme oberstes Gebot.

Jeder Reiter sollte daher mit den Bahnregeln vertraut sein. Diese sind schon beim Betreten der Reitbahn wichtig. Ehe Reiter und Pferd die Bahn betreten, bitten sie mit einem deutlichen Ruf (»Tür frei«) um Einlass. Erst wenn der Eingang freigegeben wurde (»Ist frei«), führt der Reiter sein Pferd in die Mitte der Bahn, wo er am wenigsten stört. Hier kann er nun nachgurten und in Ruhe aufsitzen. Falls Jacken, Pferdedecken

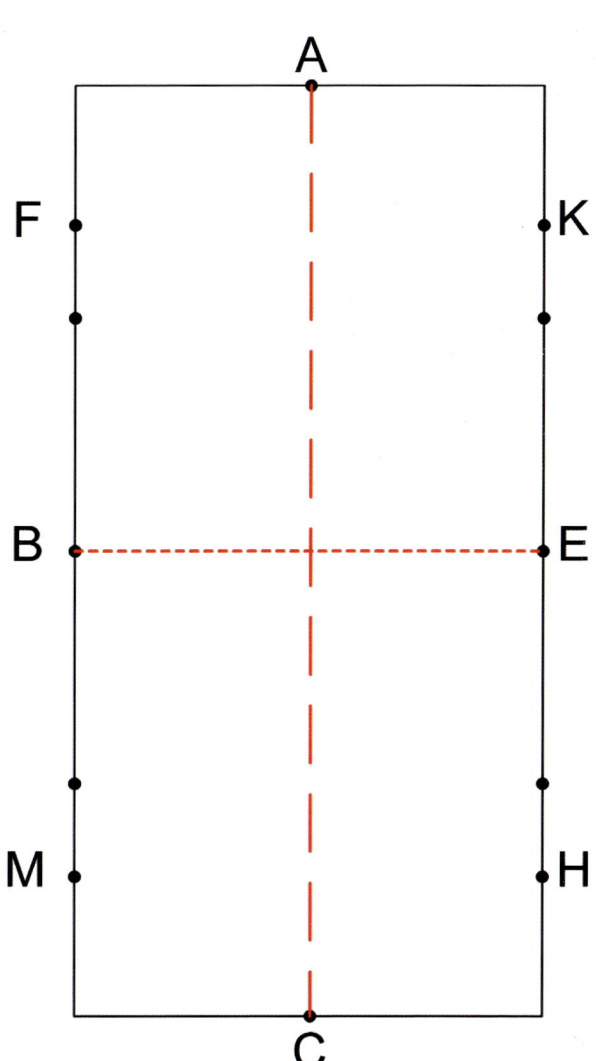

Die Mittellinie verläuft von A nach C, die Verbindung von E nach B teilt das Viereck in die halbe Bahn.

In der Reitbahn herrscht Rechtsverkehr.

u.Ä. an der Bande abgelegt werden, bittet der Reiter vorher »Bande frei«.

Wichtigste Regel: In der Reitbahn herrscht Rechtsverkehr wie auch auf der Straße. Wer sich auf der linken Hand bewegt, also linksherum reitet, hat Vorfahrt: Der Reiter auf der rechten Hand muss nach innen ausweichen. Es gibt allerdings auch Ausnahmen. Wer Schritt reitet, lässt grundsätzlich den Hufschlag frei für die Reiter im Trab und Galopp; er reitet nicht auf dem ersten, sondern auf dem zweiten Hufschlag. Des Weiteren hat die ganze Bahn Vorrang vor dem Zirkel: Der Reiter auf dem Zirkel lässt dem Reiter auf der ganzen Bahn ausreichend Platz auf dem Hufschlag und

weicht selbst nach innen auf den zweiten Hufschlag aus. Das gilt auch für Reiter, die Hufschlagfiguren absolvieren: Wer von einer Wechsellinie, aus einer Volte etc. zurück auf den Hufschlag kommt, weicht im Bedarfsfall nach innen aus und lässt den ersten Hufschlag frei.

Im Falle eines Falles aber kommt es vor allem darauf an, Unfälle und Störungen zu vermeiden: Auch wer im Recht ist, sollte im Ernstfall lieber ausweichen und erst hinterher mit dem Gegenüber klären, wie das regelgerechte Verhalten ausgesehen hätte.

oben: Der Reiter im Schritt lässt den Hufschlag frei.
unten: Auch das Sauberhalten der Reitbahn gehört zum guten Ton.

Wann sind welche Figuren sinnvoll?

2

2. Wann sind welche Figuren sinnvoll?

Hufschlagfiguren und Lektionen sind kein Selbstzweck, sondern finden Verwendung bei der Ausbildung des Pferdes und beim täglichen Training. Mithilfe der Hufschlagfiguren und Lektionen verbessert der Reiter die Feinabstimmung in der Kommunikation mit dem Pferd, er gymnastiziert und lockert das Pferd, er erarbeitet Durchlässigkeit und Beizäumung.

Durchlässigkeit und Beizäumung

■ *Ein Pferd ist durchlässig, wenn es willig, geschmeidig und prompt auf die Hilfen des Reiters reagiert. Voraussetzung für die Durchlässigkeit ist eine entsprechende Gymnastizierung des Pferdes.*
■ *Unter Beizäumung versteht man die gewünschte Kopf-Hals-Haltung des Pferdes, bei der das Genick der höchste Punkt ist und die Nasenlinie sich in der oder leicht vor der Senkrechten befindet.*

Um das zu erreichen, muss jede Hufschlagfigur und jede Lektion sinnvoll eingesetzt werden, d.h. zum richtigen Zeitpunkt erarbeitet und korrekt ausgeführt werden. Während Hufschlagfiguren auf geraden Linien das Vorwärts-Reiten begünstigen (ohne dass hiermit eine Tempoverstärkung einher gehen muss), dienen gebogene Linien vor allem der Gymnastizierung und dem Geraderichten des Pferdes (ohne dass dabei das Vorwärts vernachlässigt werden darf).

Grundsätzlich wird vom Leichten zum Schweren gearbeitet. Dabei gilt: Je enger die Linienführung ist, desto anspruchsvoller ist die Hufschlagfigur. So ist ein -> Zirkel einfacher als eine -> Volte. Doch Vorsicht: Schon in der -> ganzen Bahn lauern Höchstschwierigkeiten in Form der vier Ecken. Diese Ecken können daher erst vom gut ausgebildeten Pferd wirklich korrekt absolviert werden.
Diese Maxime – vom Leichten zum Schweren – gilt sowohl für die gesamte Ausbildung des Pferdes als auch für jede einzelne Trainingseinheit.

2.1. Die Skala der Ausbildung

Dieses Prinzip findet sich auch in der »Skala der Ausbildung«. Diese Skala ist grundlegender Bestandteil der deutschen Reitweise und dient nicht nur als Richtlinie für die Ausbildung des jungen Pferdes, sondern auch als Bewertungsgrundlage in Dressurprüfungen.
Die Skala der Ausbildung umfasst folgende Punkte:

■ 1. Takt
■ 2. Losgelassenheit
■ 3. Anlehnung
■ 4. Schwung
■ 5. Geraderichten
■ 6. Versammlung

Diese Punkte können nicht strikt chronologisch betrachtet werden, da vieles Hand in Hand erarbeitet wird. Dennoch geben sie in etwa den Rahmen für die Ausbildung vor. Bis der letzte Punkt mit dem höchsten Standard, die Ver-

Kurzdefinitionen

■ **Kurzdefinition: Takt**
Unter Takt versteht man das Gleichmaß des korrekten Bewegungsablaufes in den Gangarten des Pferdes.

■ **Kurzdefinition: Losgelassenheit**
Das losgelassene Pferd bewegt sich locker, entspannt und zufrieden. Dies betrifft sowohl den Körper als auch den inneren Zustand.

■ **Kurzdefinition: Anlehnung**
Unter Anlehnung versteht man die konstante und feine Verbindung zwischen Reiterhand und Pferdemaul.

Takt ist das Gleichmaß des korrekten Bewegungsablaufes.

sammlung, in Vollendung erreicht wird, dauert es mehrere Jahre. In den Turnierklassen E und A wird noch keine deutliche Versammlung verlangt. Dennoch spielt sie als »Fernziel« sozusagen stets eine Rolle.

Die ersten drei Punkte dieser Skala – Takt, Losgelassenheit, Anlehnung – werden als Gewöhnungsphase bezeichnet. Sind sie erreicht, besteht eine solide Basis für die weiterführende Arbeit. So spielen sie auch in jeder einzelnen Trainingseinheit eine wichtige Rolle in der Lösungsphase zu Beginn der Reitstunde.

Diese drei Punkte bestimmen den Beginn der Arbeit. Zwar kann jeder Punkt für sich betrachtet werden, doch lässt sich keiner umsetzen, wenn die anderen vernachlässigt werden. Takt, Losgelassenheit und Anlehnung bedingen einander:

Nur das losgelassene Pferd wird wirklich taktmäßig gehen, doch ohne ein Mindestmaß an Takt wird sich das Pferd nicht lösen. Eine unruhige Anlehnung zieht ebenfalls Taktfehler nach sich und verhindert, dass sich das Pferd lockert und entspannt.

Welche Hufschlagfiguren sind nun in dieser ersten Trainingsphase, der Lösungsphase, sinnvoll?

-> Takt wird auf großen Linien erarbeitet. Je mehr und je engere Wendungen vom Pferd verlangt werden, desto eher wird das Gleichmaß der Bewegung gestört und unterbrochen. Bei der Ausbildung des Jungpferdes spielt in diesem Zusammenhang auch das Vorwärts im Gelände eine wichtige Rolle. Bei den Hufschlagfiguren im

Die Dehnungshaltung vorwärts-abwärts trägt dazu bei, das Pferd zu lösen.

Anlehnung ist die konstante und feine Verbindung zwischen Reiterhand und Pferdemaul.

Viereck ist hier vor allem die -> ganze Bahn zu nennen, verbunden mit dem -> Durch-die-ganze-Bahn-Wechseln.

-> Losgelassenheit wird individuell erarbeitet. Zu empfehlen sind große gebogene Linien (-> Zirkel und Schlangenlinien), Handwechsel, Übergänge zwischen den Gangarten und auch Galopparbeit. Darüber hinaus können Tempowechsel innerhalb einer Gangart sinnvoll sein. In der lösenden Arbeit kommt auch der Entlastungssitz (siehe Kapitel 3, Seite 21) zum Einsatz, ebenso wie das Leichttraben. Verschiedene Pferde werden auf unterschiedliche Weise optimal gelöst. Auch in der folgenden Arbeitsphase muss die Losgelassenheit immer wieder überprüft und gefördert werden, z.B. durch das -> Zügel-aus-der-Hand-kauen-Lassen.

-> Anlehnung muss dabei stets gleichmäßig und ruhig vorhanden sein. Es gilt: Das Pferd sucht die Anlehnung, der Reiter erlaubt sie. Anlehnung wird nicht mit der Hand erzwungen. Die Reiterhand kann aus einem zügelunabhängigen, entsprechend ruhigen Sitz heraus eine konstante Anlehnung ermöglichen. Die Zügelhilfen stehen dabei niemals allein, sondern immer im Zusammenhang mit den treibenden Gewichts- und Schenkelhilfen.

Im weiteren Verlauf der Ausbildung des Jungpferdes sowie in der fortgeschrittenen Arbeitsphase innerhalb einer Trainingseinheit rücken nun die nächsten Punkte der Skala der Ausbildung in den Mittelpunkt.

Kurzdefinitionen

■ *Kurzdefinition: Schwung*
Schwung hat nichts mit Tempo zu tun; auch ein langsamer Trab kann schwungvoll sein. Folgende Definition findet sich bei der Deutschen Reiterlichen Vereinigung e.V. (FN): »Schwung ist die Übertragung des energischen Impulses aus der Hinterhand auf die Gesamtvorwärtsbewegung des Pferdes. Ein federnd schwingender Rücken ist die unerlässliche Voraussetzung.«

■ *Kurzdefinition: Geraderichten*
Ein geradegerichtetes Pferd fußt mit den Hinterhufen auf einer Linie mit den Vorderhufen, während die Hinterhufe beim schiefen Pferd leicht versetzt auffußen. Jedes Pferd bringt eine natürliche Schiefe mit, die im Verlauf der Ausbildung ausgeglichen werden soll.

■ *Kurzdefinition: Versammlung*
Das versammelte Pferd nimmt bei deutlicher Beugung der Gelenke mit der gesenkten Hinterhand vermehrt Gewicht auf. Analog dazu wird es vorne leicht und richtet sich auf.

-> Schwung ist ohne Losgelassenheit nicht möglich. Der schwingende Rücken ermöglicht es, den Schub aus der Hinterhand ohne Blockaden nach vorne zu übertragen. Ein schwungvoll gehendes Pferd ist angenehm zu sitzen, es tritt unter seinen Schwerpunkt und entwickelt raumgreifende Bewegungen. Für die Entwicklung von Schwung ist die Kräftigung der Hinterhand wichtig. Dazu dienen etwa Übergänge zwischen den Gangarten, -> Mitteltrab und -> Mittelgalopp oder auch -> ganze Paraden. Nur das gerade gerichtete Pferd kann seinen Schwung voll entfalten, da der Impuls nicht an der Vorhand vorbei geführt wird. Auch die Gymnastizierung auf gebogenen Linien spielt daher eine Rolle.

-> Das Geraderichten erfolgt vor allem durch die Arbeit auf gebogenen Linien. Diese Figuren gymnastizieren das Pferd, so dass es lernt, sich gleichmäßig in beide Richtungen zu biegen. Zu nennen sind hier vor allem -> Zirkel, Schlangenlinien und Volten. Auf geraden Linien wie der langen Seite der -> ganzen Bahn oder auch der Mittellinie (-> Durch die Länge der Bahn wechseln, Durch die Länge der Bahn geritten) kann gut überprüft werden, ob das Pferd wirklich gerade auffußt. Im weiteren Verlauf der Ausbildung spielen die Seitengänge, allen voran das Schulter-Herein, eine wichtige Rolle für das Geraderichten. In den Klassen E und A wird dies noch nicht verlangt.

-> Versammlung spielt in den Klassen E und A noch keine große Rolle. Dennoch wird auch hier schon ein Mindestmaß an Aufrichtung und Versammlung erarbeitet. Versammelnde Lektionen sind etwa das -> Rückwärtsrichten oder auch die -> ganze Parade aus dem Trab. Auch die Ecken der -> ganzen Bahn, korrekt und tief ausgeritten, wirken ebenso wie die -> Volte versammelnd.

Seite 19 oben: Schwung hat nichts mit Geschwindigkeit zu tun. Entscheidend ist die aktive Hinterhand.

Seite 19 unten links: Geradegerichtet wird ein Pferd vor allem auf gebogenen Linien.

Seite 19 unten rechts: Das versammelte Pferd nimmt das Gewicht vermehrt mit der Hinterhand auf und wird vorne leicht.

19

3 Sitz und Hilfengebung

3. Sitz und Hilfengebung

Für die korrekte Ausführung von Hufschlagfiguren und Lektionen sind Sitz und Hilfengebung des Reiters von entscheidender Bedeutung. Das eine ergibt sich aus dem anderen: Alles beginnt mit dem zügelunabhängigen, korrekten Sitz des Reiters. Nur wer unabhängig und frei in der Balance sitzt, kann auch seine Hilfen bewusst und korrekt einsetzen.

3.1. Der Sitz des Reiters

Der Weg zum korrekten Sitz ist lang. Der Reiter selbst merkt oft gar nicht, dass er schief sitzt, die Absätze hochzieht oder mit den Beinen klammert – wenn er an seinen Sitz gewöhnt ist und sich dabei wohl fühlt, können sich viele Sitzfehler unbemerkt einschleichen und verfestigen. Regelmäßiger Reitunterricht und Sitzübungen an der

Der Sitz des Reiters

■ *Der Reiter befindet sich im* <u>*Gleichgewicht.*</u> *Er sitzt frei auf dem Pferd, ohne sich am Zügel festzuhalten oder mit den Beinen festzuklammern. Nur so kann er Hände und Schenkel gezielt und kontrolliert für die Hilfengebung nutzen, nur aus diesem unabhängigen Sitz heraus kann er seine Gewichtshilfen bewusst nutzen.*

■ *Im* <u>*tiefen*</u> <u>*Dressursitz*</u> *sind die Beine lang mit nur leicht gewinkelten Knien und im Bügel nach unten federndem Absatz. Der Oberkörper ist aufrecht, so dass sich eine senkrechte Linie Absatz – Hüfte – Schulter des Reiters ergibt. Die Ellbogen sind leicht angewinkelt, so dass die Zügel-Verbindung zwischen Reiterhand und Pferdemaul eine ungebrochene Linie ergibt. Dies wird oft in der Seitenansicht betrachtet, gilt jedoch auch für den Blick von oben: Die Handgelenke werden nicht verdreht, sondern so gehalten, dass die Reiterhände gleichsam eine Verlängerung der Linie der Zügel bilden.*

■ *Im* <u>*Entlastungssitz*</u> *neigt der Reiter den Oberkörper vor und schiebt das Gesäß etwas* nach hinten, so dass er nicht mehr schwer im Sattel sitzt, auch wenn das Gesäß am Sattel bleibt.

■ *Der* <u>*leichte*</u> <u>*Sitz,*</u> *bei dem der Reiter mit deutlich verkürzten Bügeln sein Gesäß ganz aus dem Sattel hebt, kommt vor allem beim Springen und im Gelände zum Einsatz. Für die Dressurarbeit im Viereck spielt er normalerweise keine große Rolle.*

■ *Eine besondere Rolle spielt das* <u>*Leichttraben,*</u> *bei dem der Reiter sich jeden zweiten Tritt aus dem Sattel hebt. Das Leichttraben kann aus dem Dressursitz heraus ausgeführt werden und dient dem Lösen, Entlasten und Entspannen des Pferdes und wird auch in Dressurprüfungen der Klasse E und A verlangt. Leichtgetrabt wird auf dem inneren Hinterfuß, d.h. der Reiter sitzt ein, wenn das Pferd mit dem inneren Hinterhuf auffußt. Bei einem Handwechsel muss der Reiter entsprechend umsitzen. Dazu bleibt er einmal mehr sitzen, also zwei Tritte lang, ehe er sich wieder aus dem Sattel hebt.*

oben: *Nicht nur Anfänger profitieren von Sitzübungen an der Longe.*
unten: *Der Reiter sitzt aufrecht, die Verbindung zwischen Reiterhand und Pferdemaul ergibt eine ungebrochene Gerade.*

Longe sind daher nicht nur für Reitanfänger unverzichtbar: Auch weit fortgeschrittene Reiter profitieren immer wieder von solchen Korrekturen. An der Longe kann der Reiter überprüfen, wie es mit seinem Gleichgewicht wirklich steht. Hier hält er keine Zügel in der Hand: Fehlt ihm etwas zum Festhalten? Wenn er ohne Bügel sitzt: Rutscht er auf dem Zirkel mit dem Gesäß nach außen? Besonders wirkungsvoll sind solche Übungen mit einem erfahrenen Reitlehrer, doch diese Selbstkontrolle lässt sich auch privat mit einem guten Longenführer durchführen.

3.2. Die Hilfengebung des Reiters

Aus diesem korrekten Sitz heraus kann der Reiter nun seine Hilfen geben. Diese Reiterhilfen tragen ihren Namen zu Recht: Sie sind keine Zwangsmittel, sondern dienen der Kommunikation mit dem Pferd – sie helfen dem Pferd, zu verstehen, was der Reiter von ihm möchte. Besonders deutlich wird dies in der Ausbildung des jungen Pferdes. Wenn die Hilfen korrekt gegeben werden, zeigt das rohe, noch nicht vorbelastete Pferd fast immer die erwünschte Reaktion, während eine unklare, unruhige oder schlicht unkorrekte Hilfegebung zwangsläufig Schwierigkeiten nach sich zieht.

Körperliche Gewalt spielt hier – wie bei jedem korrekten Umgang mit dem Pferd – keine Rolle, sondern kann im Gegenteil Verständigungsprobleme verursachen oder verstärken.

Umso wichtiger ist es, die Wirkungsweise und das Zusammenspiel der Reiterhilfen zu kennen und zu verstehen.

Für den Springreiter ist der leichte Sitz unverzichtbar.

oben: Beim Leichttraben hebt sich der Reiter bei jedem zweiten Trabtritt aus dem Sattel.
unten: Wenn der innere Hinterhuf vorgeführt wird, steht der Reiter auf und sitzt ein, wenn der innere Hinterhuf auffußt.

Die Hilfen des Reiters

Die Hilfen des Reiters sind Gewicht, Schenkel und Zügel. Hinzu kommen Hilfsmittel wie Gerte und Sporen. Diese sollten stets bewusst eingesetzt werden. Die Gerte kann dazu dienen, gezielt aufzufordern, und vor allem beim jungen Pferd die Kommunikation erleichtern. Sie ist kein Strafinstrument. Sporen dienen ebenfalls der Feinabstimmung und sollten nur dann getragen werden, wenn das Bein des Reiters so ruhig liegt, dass der Einsatz der Sporen gezielt und bewusst und nicht unkontrolliert mit unruhigem Schenkel erfolgt.

Gewichtshilfen wirken im Dressursitz (s.o.) treibend auf das Pferd ein. Wichtig ist, dass der Oberkörper bei der treibenden Gewichtshilfe senkrecht bleibt und nicht etwa zurückgelehnt wird. Wird einseitig ein Gesäßknochen stärker belastet, wirkt diese Gewichtshilfe seitlich auf

das Pferd ein. Dies ist wichtig in jeder Wendung, aber auch beim Schenkelweichen, bei der Vorhandwendung und beim Angaloppieren. Bei dieser einseitigen Gewichtshilfe ist darauf zu achten, dass die Hüfte nicht einknickt: Dann kann es passieren, dass zwar der Oberkörper des Reiters nach innen geneigt ist, das Gewicht jedoch auf dem äußeren Gesäßknochen liegt. Korrekt bleibt der Oberkörper aufrecht, während der innere Gesäßknochen deutlich belastet wird.

Die Schenkelhilfen des Reiters können treiben oder verwahren. Der treibende Schenkel liegt am Gurt, der verwahrende Schenkel wird deutlich zurückgenommen und liegt ca. zwei bis drei Handbreit hinter dem Gurt. Er verwahrt die Hinterhand des Pferdes und hindert sie am seitlichen Ausbrechen, etwa in Wendungen.

Zügelhilfen können annehmend, nachgebend oder durchhaltend sein. Am Zügel darf niemals einfach gezogen werden: Auf die annehmende Zügelhilfe folgt zwingend eine nachgebende. Zügelhilfen stehen stets in Verbindung mit den treibenden Gewichts- und Schenkelhilfen. Bei der ganzen Parade (s.u.) wird das Pferd mit Gewicht und Schenkel an die durchhaltende (nicht etwa annehmende!) Zügelhilfe herangetrieben – nicht der Zügel hält das Pferd an, sondern das Zusammenspiel der Hilfen. Wichtig zu beachten: Jede Zügelhand bleibt auf ihrer Seite des Pferdes. Niemals darf eine Zügelhand den Widerrist kreuzen.

3.3. Die Paraden

Bei der Hilfengebung des Reiters spielt die so genannte Parade eine wichtige Rolle. Der Begriff der Parade wird sehr häufig verwendet, doch lei-

Sporen können erst dann sinnvoll eingesetzt werden, wenn der Schenkel des Reiters ruhig liegt und kontrolliert bewegt werden kann.

der nicht immer korrekt. Viel zu oft entsteht der Eindruck, dass es sich bei der Parade um eine reine Zügelhilfe handelt.

3.4. Das Reiten von gebogenen Linien

Jede Figur, jede Lektion in der Reitbahn wird also mit halben Paraden geritten. Dies gilt auch für das Reiten von gebogenen Linien. Aufgrund der Begrenzungen des Vierecks gibt es keine Hufschlagfigur ohne Wendungen oder gebogene Linien. Selbst der Hufschlag auf der ganzen Bahn fordert vier enge Wendungen. Für die Gymnastizierung des Pferdes ist die Stellung und Bie-

Die Parade

Eine Parade ist definiert als das Zusammenspiel der Reiterhilfen, also der Gewichts-, Schenkel- und Zügelhilfen – und zwar in dieser Reihenfolge mit entsprechender Gewichtung. So etwas wie eine Parade am Außenzügel kann es daher niemals geben, wohl aber eine Parade mit verstärkter Einwirkung außen. Es gibt halbe Paraden und eine ganze Parade.

Halbe Paraden sind das Allzweckmittel schlechthin. Die Arbeit im Viereck besteht aus halben Paraden, dient dieses Zusammenspiel aus verwahrenden und treibenden Hilfen doch dazu
-> das Tempo zu regulieren, d.h. sowohl Tempounterschiede innerhalb einer Gangart zu reiten als auch zwischen den Gangarten zu wechseln.
-> das Pferd aufmerksam zu machen und auf kommende Anforderungen vorzubereiten.
-> Hufschlagfiguren und Lektionen auszuführen.
-> Haltung und Durchlässigkeit des Pferdes zu verbessern.

Im Gegensatz dazu hat die ganze Parade nur einen einzigen Zweck:
-> Eine ganze Parade führt immer zum Halten.
Der Unterschied zwischen halben und ganzen Paraden liegt daher nicht in der Hilfengebung oder Art ihrer Ausführung, sondern lediglich im Ergebnis.

Stellung und Biegung

Unter Stellung versteht man die seitliche Ausrichtung von Hals und Kopf des Pferdes, während die Biegung sich auf das gesamte Pferd bezieht. Stellung ohne Biegung ist möglich, doch eine korrekte Biegung gibt es nicht ohne entsprechende Stellung des Pferdes.

Der Reiter nimmt den Oberkörper mit in die Wendung.

Das Reiten von gebogenen Linien

Beim Reiten von gebogenen Linien richtet sich die Verwendung der Begriffe Innen- und Außenschenkel bzw. -zügel nicht nach der Position im Viereck, sondern nach der Stellung und Biegung des Pferdes. Wird das Pferd nach rechts gestellt und gebogen, ist der rechte Schenkel der innere, der rechte Zügel ist der Innenzügel.

In der Wendung bzw. auf der gebogenen Linie wird der innere Gesäßknochen vermehrt belastet. Der innere Schenkel, um den das Pferd gebogen wird, liegt treibend am Gurt, während der äußere Schenkel zurückgenommen wird und verwahrend hinter dem Gurt liegt. Entsprechend bleibt die äußere Hüfte des Reiters ebenfalls leicht zurück und so parallel zur Hüfte des Pferdes, während der Oberkörper in die Wendung gedreht wird. Die äußere Schulter kommt vor, die innere Schulter wird zurückgenommen, so dass die Schultern des Reiters in der Wendung parallel zu den Schultern des Pferdes sind. Dabei bleiben die Schultern des Reiters auf gleicher Höhe. Reiter und Pferd sind also in gewisser Weise gleichermaßen gebogen.

Zu Beginn der Wendung wird das Pferd nach innen gestellt. Der Innenzügel gibt die Stellung vor, der Außenzügel ermöglicht sie, indem er entsprechend nachgibt. Dennoch spielt gerade die Verbindung am Außenzügel auf gebogenen Linien eine wichtige Rolle. Wie der äußere Schenkel verhindert, dass die Hinterhand des Pferdes nach außen ausbricht, so wirkt der Außenzügel verwahrend auf die äußere Schulter ein und verhindert, dass das Pferd den Hals zu weit nach innen abstellt und über die äußere Schulter aus der gewünschten Biegung ausbricht. Für die Innenstellung gilt: Die Ohren des Pferdes bleiben auf gleicher Höhe, ein Verwerfen des Pferdes im Genick ist nicht erwünscht. Der Reiter sollte den inneren Nüsternrand und das innere Auge des Pferdes schimmern sehen. Alles darüber hinaus ist zu viel.

Eckpunkte der Einwirkung, um die gewünschte Biegung des Pferdes zu erreichen, sind der Innenschenkel und der Außenzügel. Ihnen kommt besonders große Bedeutung zu.

Bei allem Bemühen um Stellung und Biegung des Pferdes darf auch auf gebogenen Linien das Vorwärts-Reiten nicht vergessen werden. Ein gleichmäßiger Takt bei einem losgelassenen Pferd mit möglichst schwungvollen Bewegungen: Das ist das Ziel der Arbeit.

gung auf der gebogenen Linie von besonderer Bedeutung.

Durch das Erarbeiten einer gleichmäßigen Biegung sowohl auf der rechten als auch auf der linken Hand wird das Pferd geradegerichtet und überwindet seine natürliche Schiefe. Nur mit korrekten Wendungen lassen sich korrekte Hufschlagfiguren reiten. Sitz und Hilfengebung des Reiters sehen auf allen gebogenen Linien grundsätzlich gleich aus, auch wenn sich der Grad der verlangten Biegung unterscheidet.

Das Pferd ist in Richtung der Wendung gestellt. Der äußere Schenkel des Reiters liegt deutlich weiter hinten.

der Mittellinie zum Prüfstein für Reiter und Pferd. Es ist daher sinnvoll, den ersten Hufschlag entlang der Bande öfter mal zu verlassen, um auf dem zweiten oder dritten Hufschlag ohne die Unterstützung der Bande, an der das Pferd sich gleichsam anlehnen und orientieren kann, zu überprüfen, ob sich das Pferd wirklich geradeaus bewegt, ohne zu schwanken oder in eine Schieflage zu geraten.

Das Reiten von geraden Linien

Auf der Geraden ist es besonders wichtig, dass der Reiter selbst gut ausbalanciert mittig im Sattel sitzt. Die Schenkel rahmen das Pferd von beiden Seiten gleichermaßen ein, die Zügel geben keine Stellung vor, das Gewicht ruht gleichmäßig auf beiden Gesäßknochen. Der Reiter wird nur dann eine gerade Linie treffen, wenn er seinen Zielpunkt, d.h. den Endpunkt der Geraden, sicher im Blick behält. Er schaut daher immer geradeaus dahin, wo er ankommen möchte. Droht das Pferd mit der Hinterhand auszufallen, d.h. mit den Hinterhufen schief neben die Spur der Vorderbeine zu treten, kann der Schenkel auf der jeweiligen Seite verwahrend einwirken. Bricht das Pferd vorne über die Schulter aus der Geraden aus, kann eine Stellung in die entsprechende Richtung korrigierend wirken; bricht das Pferd also vorne nach rechts aus, wird es über eine kurze Rechtsstellung mit der Vorhand auf die gerade Linie zurückgeführt.

3.5. Das Reiten von geraden Linien

Im Vergleich zu dem Reiten von Wendungen scheint die gerade Linie auf den ersten Blick wenig Herausforderungen zu bieten. Eben deshalb werden die Anforderungen der Geraden oft unterschätzt. Was entlang der Bande einer Reithalle oft noch gelingt, wird spätestens auf

4 Tempo-Variationen

4. Tempo-Variationen

Für den Erfolg im Viereck ist nicht nur die korrekte Linienführung von Bedeutung, sondern auch die Qualität und Konstanz des Bewegungsablaufs. In Dressuraufgaben werden verschiedene Tempi in den Gangarten gefordert. Diese sind in den Klassen E und A Mittelschritt, Arbeitstrab und Mitteltrab sowie Arbeitsgalopp und Mittelgalopp. Als Zwischenstufe zwischen Arbeits- und Mitteltempo wird auf A*-Niveau das Tritte- bzw. Galoppsprünge-Verlängern gefordert. Weitere Tempi wie versammelter Schritt, versammelter Trab und versammelter Galopp sowie starker Trab und starker Galopp werden erst in den schwereren Klassen verlangt.

Der Rahmen

Der Begriff des Rahmens ergibt sich aus dem Seitenbild des gerittenen Pferdes. Wenn man sich um das Pferd einen rechteckigen Rahmen wie einen Bilderrahmen vorstellt, wird dieses Rechteck bei einer Rahmenerweiterung länger und im Gegenzug umso kürzer, je stärker versammelt das Pferd geht.

Während das versammelte Pferd die Last auf der Hinterhand aufnimmt und so kürzer wird, erweitert sich der Rahmen über das Arbeits- und Mittel- bis hin zum starken Tempo deutlich.

Grundsätzlich soll das Pferd sich in allen Gangarten und Tempi mit schwingendem Rücken in korrekter Beizäumung zeigen. Im Idealfall ist das leicht gewölbte Genick der höchste Punkt des Pferdes, die Nasenlinie befindet sich in der bzw. leicht vor der Senkrechten. Unerwünscht ist ein Aufrollen des Halses, bei dem das Genick nicht mehr der höchste Punkt ist und die Nasenlinie deutlich hinter die Senkrechte kommt, ebenso wie ein festes Genick mit angespannter Unterhals-Muskulatur, bei dem die Nase deutlich vor der Senkrechten getragen wird. Beide Haltungen ermöglichen keine echte Losgelassenheit und stehen der Entwicklung von Schwung entgegen. Während der Lösungsphase und bei lösenden Lektionen wie etwa dem Zügel-aus-der-Hand-kauen-Lassen wird der Hals tiefer und länger getragen, das Pferd dehnt sich vorwärts-abwärts. Dabei kommt das Pferdemaul etwa auf die Höhe des Buggelenks.

4.1. Der Mittelschritt

Die Schrittarbeit wird oft unterschätzt. Tatsache ist, dass ein korrekt gerittener Schritt sehr anspruchsvoll ist. In den Klassen E und A wird dem dadurch Rechnung getragen, dass stets nur der Mittelschritt gefordert wird.

So sieht er aus:

Schritt ist ein Viertakt. Das Pferd fußt gleichseitig, aber nicht gleichzeitig auf, d.h. die Fußfolge lautet z.B. hinten links – vorne links – hinten rechts – vorne rechts. Im Mittelschritt schreitet das Pferd fleißig aus. Der Rahmen wird leicht erweitert, das Pferd dehnt sich etwas im Hals-Kopf-Bereich, ohne dabei Anlehnung und Beizäumung aufzugeben. Die Hinterhufe treten weit vor mindestens in die Spur der Vorderhufe, idealerweise darüber hinaus.

Der Mittelschritt zeigt sich fleißig und raumgreifend mit Rahmenerweiterung.

Dazu dient er:

Der Mittelschritt ist die Basis der Schrittarbeit. Erst später kommen versammelter und starker Schritt hinzu. Mängel in der Losgelassenheit und Durchlässigkeit des Pferdes treten im Mittelschritt klar zu Tage.

So wird er geritten:

Der Reiter sitzt aufrecht und ruhig, die treibenden Hilfen erhalten den Fleiß, während die Reiterhand eine ruhige Anlehnung erlaubt. Im Bewegungsablauf im Schritt kommt es zu einer leichten Nickbewegung des Pferdekopfes. Auf diese kann der Reiter mit seinen Händen eingehen, um Blockaden zu vermeiden. Keinesfalls aber darf der Oberkörper des Reiters mit schaukelnden Bewegungen in diesen Ablauf einbezogen werden: Der Reiter bleibt ruhig und aufrecht sitzen.

Häufige Fehler:

Der Takt im Schritt soll gleichmäßig sein, ohne Unregelmäßigkeiten und Verschiebungen etwa in Richtung Pass, bei dem das Pferd mit den beiden Beinen einer Seite gleichzeitig fußt.
Wird das Pferd durch eine starre Reiterhand blockiert, kommt es häufig zu Taktfehlern wie beispielsweise passartigem Schritt. Der Reiter muss daher die richtige Balance zwischen den treibenden Hilfen, die das Pferd fleißig halten, und der ruhigen und weichen Anlehnung finden. Wird das Pferd im Kopf-Hals-Bereich zu kurz, tritt auch die Hinterhand nicht mehr ausreichend vor. Innere Anspannung kann zu Taktfehlern, Anza-

Der Arbeitstrab orientiert sich am natürlichen Grundtempo des Pferdes.

ckeln und Antraben führen. In diesem Fall muss grundsätzlich an der Losgelassenheit gearbeitet werden, was in anderen Gangarten zunächst oft leichter fällt.

4.2. Der Arbeitstrab

Hufschlagfiguren werden überwiegend im Arbeitstrab geritten. Das Arbeitstempo orientiert sich am natürlichen Grundtempo des Pferdes und kann daher von Pferd zu Pferd leicht variieren.

So sieht er aus:

Trab ist ein Zweitakt, bei dem das Pferd mit den diagonalen Beinpaaren gleichzeitig ab- und auffußt. Der Arbeitstrab soll taktmäßig, fleißig, mit aktiver Hinterhand und schwingendem Pferderücken absolviert werden, ohne hektisch oder auch müde und lustlos zu wirken. Im Arbeitstrab fußen die Hinterhufe mindestens auf der Spur der Vorderhufe, idealerweise etwas vor der Spur der Vorderhufe auf. Im Seitenbild des Arbeitstrabs zeigen sich Vorder- und Hinterbeine möglichst parallel zu einander: Je stärker die Aktion der Vorderbeine ist, desto energischer wird auch das Hinterbein vorgeführt.

Dazu dient er:

Der Arbeitstrab ist das Grundtempo im Trab. Im Arbeitstrab wird das Pferd gelöst, doch im Arbeitstrab werden auch weiterführende Lektionen absolviert, das Pferd entwickelt Schwung und wird gerade gerichtet.

So wird er geritten:

Um einen korrekten Arbeitstrab zu erreichen, wird das Pferd konsequent von hinten nach vorne geritten. Das heißt: Nicht die Handeinwirkung steht an erster Stelle, sondern die treibenden Hilfen dominieren. Mit der Hand gibt der Reiter immer wieder nach und achtet darauf, dass das Pferd sich bei der nachgebenden Zügelhilfe in die Hand hineindehnt und nicht hinter dem Zügel bleibt.

Häufige Fehler:

Neigt das Pferd zum Davon-Eilen, so nimmt der Reiter es deutlich zurück, ohne dabei die treibenden Hilfen zu vernachlässigen, und gibt wieder nach, sobald der gewünschte Takt erreicht ist. Dadurch wird dem Pferd das gewünschte Tempo angenehm gemacht, während das hektische Stürmen immer wieder unterbrochen wird. Geduld ist gefragt: Diese Einwirkung muss einige Male wiederholt werden, bis sich ein dauerhafter Erfolg einstellt.

Ein faules Pferd wird grundsätzlich energisch, aber doch mit feinen Hilfen vorwärts geritten. Hier spielen auch die innere Einstellung und der Wille des Reiters eine große Rolle.

Falls das Pferd nicht ausreichend auf die treibenden Hilfen reagiert, darf der Reiter nicht stärker und stärker treiben – auf diese Weise wird das Pferd immer weniger reagieren, während der Reiter seine Kräfte sinnlos verausgabt. Wenn das Pferd nicht auf die Hilfen reagiert, folgt sofort eine energische Aufforderung, in diesem Fall darf auch die Gerte zum Einsatz kommen – allerdings nicht strafend, sondern auffordernd. Sobald das Pferd reagiert, wird es gelobt und die Hilfengebung wird wieder fein und leicht. Es gilt: Lieber einmal deutlich einwirken, als ständig mit den Schenkeln zu klopfen, mit den Sporen zu pieken oder mit der Gerte anzutippen.

4.3. Tritte verlängern / Der Mitteltrab

Zwar wird das Pferd im Mitteltrab schneller, doch ist ein schnellerer Trab nicht zwangsläufig auch ein Mitteltrab. Die Schwierigkeit besteht darin, dass der eigentliche Takt beibehalten wird. Die Tritte sollen raumgreifender werden, nicht etwa eiliger. Entwickelt wird der Mitteltrab durch das Verlängern der Trabtritte, wie es auf A*-Niveau gefordert wird.

So sieht er aus:

Der Mitteltrab ist eine Trabverstärkung, bei der das Pferd mit Schub aus der Hinterhand den Raumgriff der Trabtritte verlängert, mit der Vorhand weit ausgreift und mit den Hinterhufen ebenfalls weit nach vorne über die Spur der Vorderhufe hinaus tritt. Dabei erweitert sich der Rahmen, d.h. das Pferd dehnt sich im Kopf-Hals-Bereich etwas nach vorne, ohne dabei die Anlehnung und Beizäumung aufzugeben. Beim Tritte-Verlängern soll sich der Mitteltrab bereits andeuten, muss aber noch nicht voll entwickelt sein.

Dazu dient er:

Der Mitteltrab fordert eine deutliche Schubentwicklung aus der Hinterhand und dient so der Kräftigung der Hinterhand. Durch das merkliche Vorwärts der Lektion, verbunden mit der Rahmenerweiterung, hat er eine lösende Komponente. Er fordert Schwung, eine hohe Taktsicherheit, eine sichere Anlehnung und Durchlässigkeit des Pferdes.

So wird er geritten:

Mitteltrab ist anspruchsvoll. Entsprechend sorgfältig muss er entwickelt, vorbereitet und ausgeführt werden. Erst wenn Takt, Losgelassenheit, Anlehnung und auch Schwung im Arbeitstrab erarbeitet wurden, kann mit dem Mitteltrab begonnen werden.

Die Vorstufe des Mitteltrabs ist das Tritte-Verlängern. Zu Beginn der Ausbildung reichen einige verlängerte Tritte, dann wird das Pferd zurückgenommen. Tritte-Verlängern im Leichttraben kann dazu beitragen, das Pferd zu lösen. Nach und nach entwickelt sich aus dieser Übung der Mitteltrab, der in Prüfungen meist entlang der langen Seite der -> ganzen Bahn oder auf der Diagonalen (-> Durch die ganze Bahn wechseln) verlangt wird.

Vor dem Beginn des Mitteltrabs wird daher eine Ecke geritten. Diese wird zur Vorbereitung des Mitteltrabs genutzt, um das Pferd vermehrt aufzunehmen und die Hinterhand heranzutreiben. Dabei wird etwas Spannung (nicht Verspannung!) aufgebaut, die sich im Mitteltrab in schwungvolles Vorwärts auflöst. Wenn das Pferd nach der Ecke gerade gestellt ist, wird das Pferd mit gleichseitig treibender Schenkel- und Gewichtshilfe aufgefordert, während die Hand eine Rahmenerweiterung erlaubt. Der Reiter behält seinen aufrechten Sitz bei. Am Ende der langen Seite bzw. der Diagonalen wird das Pferd unter Einsatz der Gewichts- und Schenkelhilfen an die durchhaltende Zügelhilfe herangetrieben, auf diese Weise eingefangen und zurückgeführt und passiert die folgende Ecke im Arbeitstrab.

Im Mitteltrab greift nicht nur die Vorhand weit aus, auch die Hinterbeine treten weit nach vorne.

Häufige Fehler:

Oft gerät der Mitteltrab zu eilig und gelaufen, vor allem dann, wenn das Pferd nicht genügend vorbereitet wird und der Reiter zu viel erreichen möchte. Aus diesem eiligen Trab heraus passiert es leicht, dass das Pferd Taktfehler macht oder auch angaloppiert.

Das Pferd muss vor dem Beginn der Lektion deutlich aufgenommen werden und darf mit den treibenden Hilfen nicht überfallen werden. Der Reiter sollte sein Augenmerk auf den Takt-Erhalt und nicht in erster Linie auf die Tempoverstärkung richten.

Gerade im Mitteltrab ist häufig zu beobachten, dass Pferde mit spektakulärer Vorhand-Aktion beeindrucken, während die Hinterhand ohne besondere Aktion hinterherschleppt. Was zunächst viele Zuschauer begeistert, entpuppt sich

Mit dem vermehrten Raumgriff einher geht eine Rahmenerweiterung.

Schon das freilaufende Jungpferd zeigt den gewünschten Bewegungsablauf. Unter dem Sattel wird es später eine neue Balance finden müssen, um dieses Potenzial auch mit Reiter abrufen zu können.

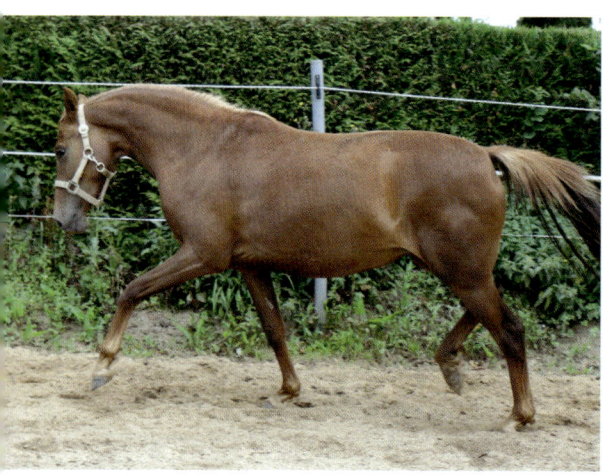

bei genauem Hinsehen als unkorrekter Mitteltrab mit fehlendem Schwung (Schwung = die Übertragung des energischen Impulses aus der Hinterhand auf die Gesamtvorwärtsbewegung). Die Hinterhand ist der Motor der Bewegung. Das Pferd muss stets von hinten nach vorne geritten werden. Schon im Arbeitstrab ist darauf zu achten, dass die Hinterhand aktiv untertritt. Losgelassenheit ist unverzichtbare Voraussetzung.

4.4. Der Arbeitsgalopp

Der Arbeitsgalopp ist das Äquivalent zum Arbeitstrab. Als Gangmaß findet er Verwendung in der alltäglichen Galopparbeit.

So sieht er aus:

Galopp ist ein Dreitakt und kann sowohl im Links- als auch im Rechtsgalopp gesprungen werden. In der Fußfolge des jeweiligen Innengalopps (also Rechtsgalopp auf der rechten Hand, Linksgalopp auf der linken Hand) beginnt der äußere Hinterfuß, gefolgt von dem diagonalen Beinpaar innerer Hinterfuß – äußerer Vorderfuß und zuletzt dem inneren Vorderfuß.

Im Arbeitstempo wird der Galopp ruhig, aber fleißig gesprungen mit Bergauf-Tendenz.

Dazu dient er:

Als Grundtempo ist der Arbeitsgalopp vielseitig einsetzbar. Ihm kommt Bedeutung sowohl in der Lösungsphase als auch in der nachfolgenden Arbeitsphase des Trainings zu.

So wird er geritten:

Vor dem Galopp steht das Angaloppieren. Dieses kann sowohl aus dem Trab als auch aus dem

Schritt erfolgen. In den Klassen E und A wird stets im Innengalopp geritten.

Vor dem Angaloppieren nimmt der Reiter das Pferd auf. Er verlagert sein Gewicht vermehrt auf den inneren Gesäßknochen und gibt eine leichte Innenstellung vor, während der Außenzügel deutlich verwahrend einwirkt. Der innere Schenkel liegt am Gurt, der äußere Schenkel liegt zwei bis drei Handbreit hinter dem Gurt. Im Moment des Angaloppierens schiebt der Reiter die innere Hüfte leicht vor, der Innenschenkel gibt den Impuls und die innere Hand wird leicht, um den Galoppsprung nicht zu blockieren. Im Galopp bleibt diese Einwirkung in abgeschwächter Form erhalten: Der Reiter belastet weiterhin vermehrt den inneren Gesäßknochen, auch wenn er grundsätzlich aufrecht bleibt. Der äußere Schenkel liegt etwas weiter hinten als der Innenschenkel, die Reiterhand gibt eine ganz leichte Innenstellung vor.

Häufige Fehler:
Eine Schwierigkeit tritt oft schon zu Beginn auf: Das Pferd findet nicht den richtigen Galopp, sondern springt im Außengalopp oder auch im Kreuzgalopp an. Beim Kreuzgalopp befindet sich das Pferd vorne im Links- und hinten im Rechtsgalopp oder umgekehrt. Der Kreuzgalopp ist sehr schlecht zu sitzen und wird vom Reiter meist sofort bemerkt. Der Außengalopp fällt vor allem in Wendungen auf, da sich das Pferd im Außengalopp nicht gut nach innen biegen kann. Aufgrund der natürlichen Schiefe des Pferdes haben alle Pferde einen Lieblingsgalopp (meistens Linksgalopp), während sie auf der anderen Hand deutlich schwerer in den Innengalopp finden. Falls er es nicht fühlt, verrät ein Blick auf die Schultern des Pferdes dem Reiter, ob das Pferd

richtig galoppiert: Das innere Vorderbein greift im Innengalopp deutlich weiter aus.

Ein falscher Galopp wird korrigiert, indem das Pferd durchpariert, erneut in Ruhe vorbereitet und wieder angaloppiert wird.

Wenn das Pferd falsch angaloppiert, kann das mehrere mögliche Ursachen haben:
- Der Reiter belastet den äußeren Gesäßknochen.
  -> Vor dem Angaloppieren muss der Sitz des Reiters entsprechend korrigiert werden.
- Der vorhergehende Arbeitstrab oder auch Mittelschritt war unruhig, nicht taktmäßig, verspannt und unausbalanciert.
  -> Ehe das Pferd korrekt angaloppiert werden kann, müssen Takt, Losgelassenheit und Anlehnung im Trab und Schritt verbessert werden.
- Das Pferd ist noch nicht weit genug gymnastiziert und galoppiert nur auf einer Seite an.
  -> Das Angaloppieren sollte auf einer gebogenen Linie erfolgen. Auf dem Zirkel findet das Pferd besser in den Innengalopp als an der langen Seite der Ganzen Bahn.
  -> In besonders schwierigen Fällen kann eine leichte Außenstellung dem Pferd helfen, den richtigen Galopp zu finden.

Wenn das Pferd im Galopp grundsätzlich zum Eilen neigt, ist häufig mangelndes Gleichgewicht der Grund. Dieses Gleichgewicht lässt sich schon im Vorfeld durch Longenarbeit deutlich verbessern. Im Gelände können Reiter und Pferd am Galopp arbeiten, ohne durch häufige Wendungen überfordert zu werden. Im Viereck ist der Außenzügel wichtig, der das Pferd begrenzt und einrahmt.

Der Arbeitsgalopp ist ruhig, fleißig und taktmäßig.

Falls das Pferd häufig aus dem Galopp in den Trab fällt, neigen manche Reiter dazu, mit dem Oberkörper im Rhythmus des Galopps zu schaukeln. Diese Einwirkung ist kontraproduktiv, da die treibende Gewichtshilfe nicht mehr zur Geltung kommt. Nur aus dem ruhigen, aufrechten Sitz heraus kann der Reiter das Pferd treiben.

4.5. Galoppsprünge verlängern / Der Mittelgalopp

Der Mittelgalopp ist eine Galoppverstärkung, bei der das Pferd die Galoppsprünge erweitert, ohne dabei im Takt eiliger zu werden. Als Vorstufe dient das Galoppsprünge-Verlängern wie es auf A*-Niveau gefordert wird.

So sieht er aus:

Die Galoppsprünge werden länger bei deutlich erweitertem Rahmen, d.h. einer deutlich erkennbaren Dehnung im Kopf-Hals-Bereich, ohne dass Anlehnung und Beizäumung aufgegeben werden. Der Mittelgalopp soll deutlich bergauf gesprungen werden. Beim vorangesetzten Verlängern der Galoppsprünge soll sich die Entwicklung hin zum echten Mittelgalopp bereits zeigen.

Dazu dient er:

Der Mittelgalopp verlangt viel Schub aus der Hinterhand und kräftigt das Pferd. Das deutliche Vorwärts und die verlangte Rahmenerweiterung stehen Verspannungen entgegen. Er verlangt Taktsicherheit, Durchlässigkeit und Schwung.

Energisch beginnt die Galoppverstärkung. Mittelgalopp kräftigt die Hinterhand des Pferdes.

So wird er geritten:

Der Mittelgalopp wird meistens entlang der langen Seite der Reitbahn verlangt. In der vorhergehenden Ecke wird das Pferd in der Vorbereitung deutlich aufgenommen, so dass die Hinterhand gut unter den Schwerpunkt springt. Sobald das Pferd nach der Ecke gerade gestellt ist, wird es durch Schenkel und Gewicht aufgefordert, während die Reiterhand entsprechend vorgeht, um eine Rahmenerweiterung zu ermöglichen. Am Ende der langen Seite wird das Pferd aufgenommen, indem der Reiter es wieder vermehrt an die Hand herantreibt. Die folgende Ecke wird im Arbeitsgalopp geritten.

Häufige Fehler:

Ein mögliches Problem besteht darin, dass das Pferd nicht nur den Rahmen erweitert, sondern »auseinanderfällt«. Der Galoppsprung ist nicht mehr geschlossen, die Hinterhand springt nicht weit genug unter den Schwerpunkt und der Reiter verliert die Einwirkung. In diesem Fall wird die Rückführung in den Arbeitsgalopp schwierig bis unmöglich: Entweder galoppiert das Pferd weiter in erhöhtem Tempo und kommt nur allmählich zurück ins Arbeitstempo, oder – und das ist häufiger zu sehen – es fällt direkt aus in den Trab, wenn es zurückgenommen wird.

Hier fehlt es an der Vorbereitung. Voraussetzung für einen guten Mittelgalopp ist ein kontrollierter, taktmäßiger und sauber gesprungener

Arbeitsgalopp. Wichtig ist, dass der der Reiter das Pferd beim Verlängern der Galoppsprünge an den treibenden Hilfen behält. Wenn das Pferd zu eilig wird, muss es mit Gewicht und Schenkel wieder an die Hand herangetrieben werden: Zügeleinwirkung alleine wird das Problem nicht lösen.

oben: Deutlich erkennbar ist die Rahmenerweiterung.

unten: Das Pferd wird am Ende der langen Seite vermehrt aufgenommen, an die Hand herangetrieben und in den Arbeitsgalopp zurückgeführt.

Übergänge

Übergänge zwischen den Gangarten oder auch zwischen den Tempi innerhalb einer Gangart sind eine wichtige gymnastizierende Übung. Sie fördern und fordern die Durchlässigkeit des Pferdes, kräftigen die Hinterhand, dienen der Schwungentwicklung und wirken versammelnd. Jeder Übergang muss von hinten nach vorne geritten werden: Sowohl beim Übergang in eine höhere Gangart bzw. ein höheres Tempo als auch beim Übergang in eine niedrigere Gangart bzw. ein niedrigeres Tempo hält der Reiter das Pferd vor allem an den treibenden Hilfen und aktiviert die Hinterhand. Bei übermäßiger Handeinwirkung bzw. fehlenden treibenden Hilfen fällt das Pferd beim Übergang in ein niedrigeres Tempo schnell auf die Vorhand, beim Übergang in ein höheres Tempo häufig auseinander, d.h. die Hinterhand tritt nicht mehr unter den Schwerpunkt. Bei einem fließenden Übergang bleibt eine gleichmäßig, ruhige und elastische Anlehnung erhalten.

5

Hufschlagfiguren und Lektionen

5. Die Hufschlagfiguren und Lektionen

Im Folgenden werden die Hufschlagfiguren und Lektionen erläutert, die dem Niveau der Klassen E und A entsprechen. Nicht alle Figuren und Lektionen werden zur Zeit in Dressurprüfungen dieser Klassen auch verlangt. Da die entsprechenden Richtlinien regelmäßig aktualisiert werden und sich die Anforderungen immer wieder ändern können, werden hier auch Figuren und Lektionen erörtert, die grundsätzlich Bestandteil der Trainingseinheiten bis hin zum A-Niveau sein können. Dazu gehören auch die verschiedenen Gangmaße, die im vorherigen Kapitel bereits erläutert wurden.

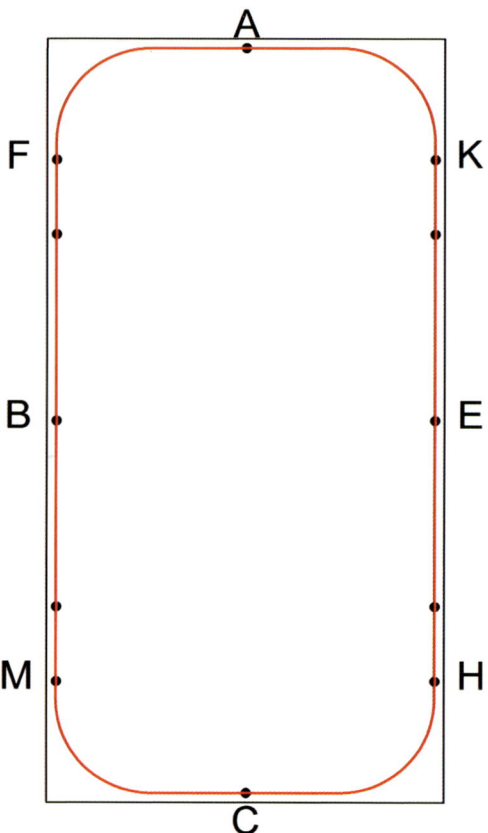

Der Hufschlag auf der ganzen Bahn.

Bahnpunkte

Bahnpunkte dienen für viele Hufschlagfiguren als Start- und Zielpunkte. Anhaltspunkt ist dabei die Schulter des Pferdes: Auf Schulterhöhe verlässt das Pferd den Hufschlag und erreicht ihn wieder.

5.1. Ganze Bahn

So sieht die Figur aus:
Die ganze Bahn wird auf dem ersten Hufschlag außen entlang des Vierecks angelegt. An den langen Seiten und an den kurzen Seiten ist das Pferd gerade gestellt. Die Ecken werden als -> Viertelvolten abgerundet.

Dazu dient die Figur:
Auf der ganzen Bahn bewegen sich Reiter und Pferd um das gesamte Viereck. Mit dieser Figur werden die größtmöglichen Linien angelegt. Entsprechend geeignet ist die ganze Bahn, um ein freies Vorwärts zu ermöglichen, das Pferd zu lösen und fleißig zu halten. Sie ist Ausgangspunkt für diverse weitere Hufschlagfiguren.

So wird die Figur geritten:

An den Seiten der ganzen Bahn ist das Pferd gerade gestellt. Dabei sitzt der Reiter gleichmäßig auf beiden Gesäßknochen, die Schenkel liegen treibend am Gurt. In den Ecken wird das Pferd nach innen gestellt, der Reiter belastet vermehrt den inneren Gesäßknochen, das Pferd wird um den inneren Schenkel gebogen, während der äußere Schenkel verwahrend hinter dem Gurt liegt. Nach der Ecke wird das Pferd erneut gerade gestellt.

Häufige Fehler:

Knackpunkt der ganzen Bahn sind vor allem die Ecken. Diese werden oft zu wenig ausgeritten, d.h. zu stark abgerundet. Hier muss ein deutlicher Unterschied zum Kreisbogen des -> Zirkels erkennbar sein.

Falls das Pferd an den Seiten des Vierecks nicht gerade auffußt, sondern mit der Hinterhand in die Bahn drängt, kann es hilfreich sein, das Pferd etwas nach innen zu stellen, so dass die innere Schulter leicht in die Bahn geführt wird (dies wird auch als Schultervor bezeichnet). Grundsätzlich sollte in diesem Fall vermehrt auf gebogenen Linien an der Balance und Biegsamkeit des Pferdes gearbeitet werden, um es geradezurichten.

5.2. Halbe Bahn

So sieht die Figur aus:

Die halbe Bahn ist eine Teilfigur der -> ganzen Bahn. Die lange Seite wird geteilt, sodass statt des Rechtecks der ganzen Bahn das Quadrat der halben Bahn entsteht. Zwei Ecken der halben Bahn liegen bei den Bahnpunkten E und B.

Auf der ganzen Bahn werden die Ecken abgerundet wie eine Viertelvolte.

Derzeit wird in Dressuraufgaben der Klassen E und A keine halbe Bahn gefordert.

Dazu dient die Figur:

Da auf der halben Bahn die Ecken deutlich schneller aufeinander folgen als auf der ganzen Bahn, stellt die Figur höhere Ansprüche. Der schnelle Wechsel von Geradeaus-Reiten und Wendung verlangt und fördert Aufmerksamkeit, Durchlässigkeit, Takt und Gleichgewicht.

So wird die Figur geritten:

Die Ecken der halben Bahn werden wie eine Viertelvolte ausgeritten. Dazu wird das Pferd nach innen gestellt, der Reiter belastet vermehrt den

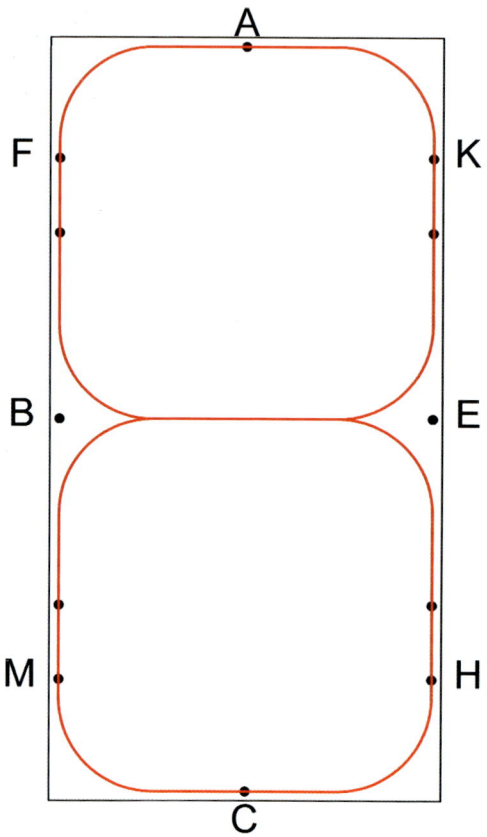

Die halbe Bahn kann bei A oder bei C geritten werden.

Häufige Fehler:

Auch auf der halben Bahn sind die Ecken die größte Schwierigkeit. Werden sie nicht genügend ausgeritten, ähnelt die halbe Bahn sofort einem -> Zirkel. Sie muss daher konsequent als Viereck angelegt werden. Bei dem Wechsel von enger Wendung und Gerade kann es zu Taktfehlern kommen. Der Reiter muss daher ein besonderes Augenmerk auf das gleichmäßige Gangmaß richten.

5.3. Durch die ganze Bahn wechseln

So sieht die Figur aus:

Der Reiter wendet am ersten Wechselpunkt der langen Seite ab und durchquert das Viereck diagonal. Er kommt am schräg gegenüberliegenden Wechselpunkt der anderen langen Seite an und befindet sich nun auf der anderen Hand.

Dazu dient die Figur:

Wie der Name schon sagt, dient diese Hufschlagfigur vor allem einem Handwechsel. Dieser Wechsel wird auf einer besonders großen, geraden Linie angelegt. Daher eignet die Figur sich gut für die Lösungsphase. Die lange Diagonale ist die längste gerade Linie im Viereck. Hier wird oft auch der Mitteltrab verlangt.

So wird die Figur geritten:

Die zweite Ecke der kurzen Seite wird korrekt ausgeritten. Danach stellt der Reiter das Pferd gerade und wendet dann in entsprechender Innenstellung exakt am Wechselpunkt ab. Beim Abwenden wird der innere Gesäßknochen vermehrt belastet, der innere Schenkel liegt am Gurt und der Innenzügel führt das Pferd auf die Diagonale, während der Außenzügel und der Außenschenkel ein Ausfallen des Pferdes nach außen verhindern. Sobald das Pferd den Huf-

inneren Gesäßknochen, der innere Schenkel liegt am Gurt, der äußere Schenkel verwahrend hinter dem Gurt. Der Außenzügel verhindert ein Ausbrechen des Pferdes über die äußere Schulter. Nach der Ecke wird das Pferd gerade gestellt. Der Reiter sitzt nun gleichmäßig auf beiden Gesäßknochen, beide Schenkel liegen treibend am Gurt und es wird keine Stellung des Pferdes vorgegeben.

schlag ganz verlassen hat, wird es gerade gestellt. Der Reiter sitzt nun gleichmäßig auf beiden Gesäßknochen, beide Schenkel liegen treibend am Gurt. Der Blick des Reiters geht zum schräg gegenüberliegenden Wechselpunkt, dem Endpunkt der Diagonalen. Die Bahn wird auf einer geraden Linie durchquert. Nach der Wendung beim Erreichen des Hufschlags wird das Pferd kurz gerade gestellt und anschließend wieder tief durch die Ecke geritten.

Häufige Fehler:

Der Reiter sollte den Hufschlag wirklich exakt am Wechselpunkt verlassen und anschließend wieder erreichen. Dies wird umso schwieriger, je mehr die vorhergehende Ecke bzw. die anschließende Ecke abgerundet und abgekürzt werden. Ein tiefes Durchreiten der Ecken lässt genügend Platz und Zeit, um die Hufschlagfigur einzuleiten und zu beenden. Auf der Diagonalen selbst ist es wichtig, dass die Linie wirklich gerade geritten wird. Der Reiter muss stets seinen Zielpunkt im Auge behalten. Dabei sitzt er aufrecht und mittig und wirkt auf beiden Seiten gleichmäßig ein, um das Pferd auf der geraden Linie zu halten.

Falls das Pferd nicht gerade auffußt, sondern mit Hinterhand oder Vorhand seitlich ausfällt, ist grundsätzlich weitere gymnastizierende Arbeit dazu geeignet, die Balance zu verbessern. In der konkreten Situation kann ein seitliches Ausfallen durch eine leichte Stellung in die entsprechende Richtung korrigiert werden. Drängt das Pferd also über die rechte Schulter seitlich weg, wird es durch eine leichte Rechtsstellung wieder auf die gerade Linie zurückgeführt. Ein Ausfallen der Hinterhand kann durch den verwahrend eingesetzten seitlichen Schenkel begrenzt werden.

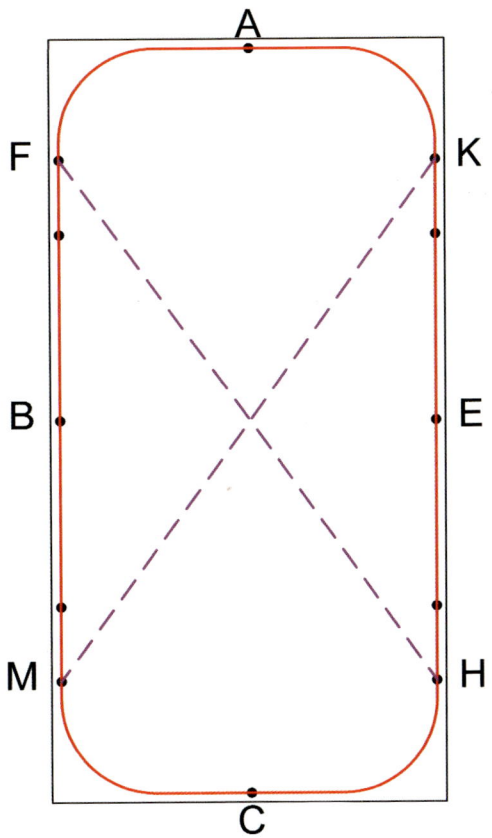

Mögliche Wechsellinien durch die ganze Bahn.

5.4. Durch die halbe Bahn wechseln
So sieht die Figur aus:

Ebenso wie beim -> Durch-die-ganze-Bahn-Wechseln wendet der Reiter am ersten Wechselpunkt der langen Seite ab. Zielpunkt der Diagonalen ist nun allerdings der Halbe-Bahn-Punkt auf der gegenüberliegenden langen Seite, also der Punkt B oder E.

Die Wechsellinie führt diagonal durch das Viereck.

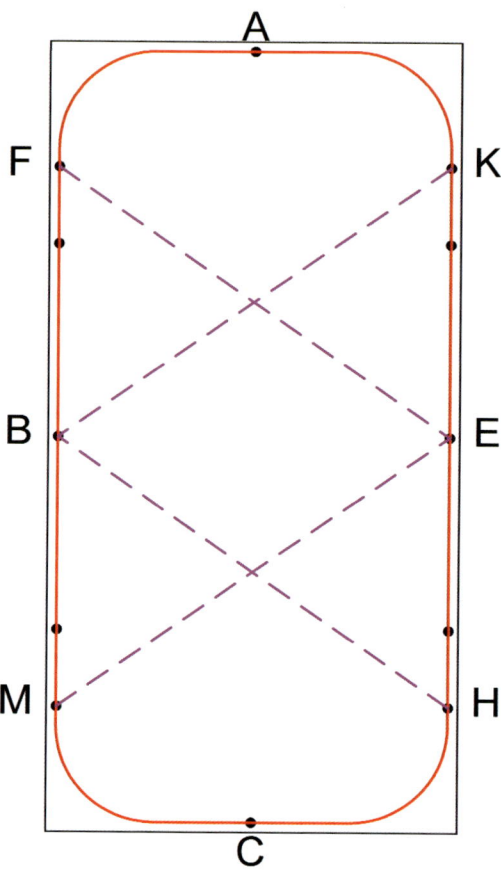

Mögliche Wechsellinien durch die halbe Bahn.

Dazu dient die Figur:

Auch hier wird ein Handwechsel durchgeführt. Ebenso wie beim Durch-die-ganze-Bahn-Wechseln wird dieser Handwechsel auf einer relativ großen Linie ohne enge Wendungen durchgeführt, allerdings ist die Strecke auf der Diagonalen deutlich kürzer.

So wird die Figur geritten:

Der Reiter wendet am ersten Wechselpunkt der langen Seite ab. Sobald das Pferd sich auf der Diagonalen befindet, wird es gerade gestellt. Nach dem Erreichen des Hufschlags am Halbe-Bahn-Punkt B oder E geht es weiter geradeaus auf dem Hufschlag.

Häufige Fehler:

Wird die Ecke vor dem Wechselpunkt nicht tief genug ausgeritten, bleibt nur wenig Zeit und Raum für ein korrektes Abwenden am Wechselpunkt. Der Reiter muss Anfangs- und Zielpunkt der Figur stets rechtzeitig im Blick haben, um die Hufschlagfigur korrekt zu reiten.

5.5. Durch die Länge der Bahn wechseln

So sieht die Figur aus:

Reiter und Pferd wenden Mitte der kurzen Seite auf die Mittellinie ab. Die Mittellinie verbindet die Mittelpunkte der kurzen Seiten miteinander (die Bahnpunkte A und C). Beim Erreichen des Hufschlags auf der gegenüberliegenden kurzen Seite wird ein Handwechsel durchgeführt. Kommt der Reiter also von der rechten Hand, wendet er am Ende der Mittellinie links ab und umgekehrt.

Dazu dient die Figur:

Wie der Name schon sagt, dient auch diese Hufschlagfigur einem Handwechsel. Die Mittellinie als lange gerade Linie ohne Anlehnung an der Vierecks-Begrenzung stellt recht hohe Ansprüche: Geradeaus-Reiten ist nicht so leicht, wie es zunächst scheinen mag. So zeigt sich hier, ob das Pferd ausbalanciert und geradegerichtet ist, ebenso wie Fehler in der Einwirkung des Reiters klar zu Tage treten.

So wird die Figur geritten:

Die zweite Ecke der langen Seite wird tief ausgeritten. Zur Erinnerung: Die Ecken der -> ganzen Bahn werden als -> Viertelvolten angelegt. Ebenso sieht das Abwenden auf die Mittellinie aus: Auch dies wird wie eine Viertelvolte geritten. Diese wird rechtzeitig begonnen, so dass Reiter und Pferd den Bogen exakt auf der Mittellinie beenden. In der Wendung wird das Pferd nach innen gestellt. Der Reiter belastet vermehrt den inneren Gesäßknochen, der innere Schenkel liegt treibend am Gurt, der äußere Schenkel liegt verwahrend hinter dem Gurt. Bei Erreichen der Mittellinie wird das Pferd gerade gestellt, der Reiter belastet beide Gesäßknochen gleichermaßen, die Schenkel des Reiters liegen gleichmäßig treibend am Gurt. Der Reiter richtet seinen Blick von Beginn des Abwendens an auf den Zielpunkt an der Mitte der gegenüberliegenden kurzen Seite und behält diesen Punkt genau im Auge, um Schwankungen und Schlenker auf der Mittellinie zu vermeiden.

Häufige Fehler:

Oft beginnen die Schwierigkeiten schon beim Abwenden. Wird dieses zu spät eingeleitet, können Reiter und Pferd die Mittellinie nicht mehr korrekt treffen. Eine zu enge Wendung überfordert das Pferd und kann Taktfehler sowie Probleme mit der Anlehnung und Losgelassenheit nach sich ziehen. Es ist wichtig, dass der Reiter entsprechend früh seinen Blick auf den Zielpunkt richtet und darauf achtet, lieber eine etwas großzügigere Wendung zu reiten, als sein Pferd zu spät herumzwingen zu müssen. Das Gleiche gilt für das Abwenden beim Erreichen des Hufschlags an der Mitte der gegenüberliegenden kurzen Seite.

Auf der Mittellinie sollte das Pferd nicht schwanken, sondern sauber geradegerichtet auffußen. Dies erfordert einerseits eine entsprechend ausbalancierte, gleichmäßige Einwirkung des Reiters, andererseits aber auch eine vorhergehende Gymnastizierung des Pferdes, d.h. einen gewissen Ausbildungsstand.

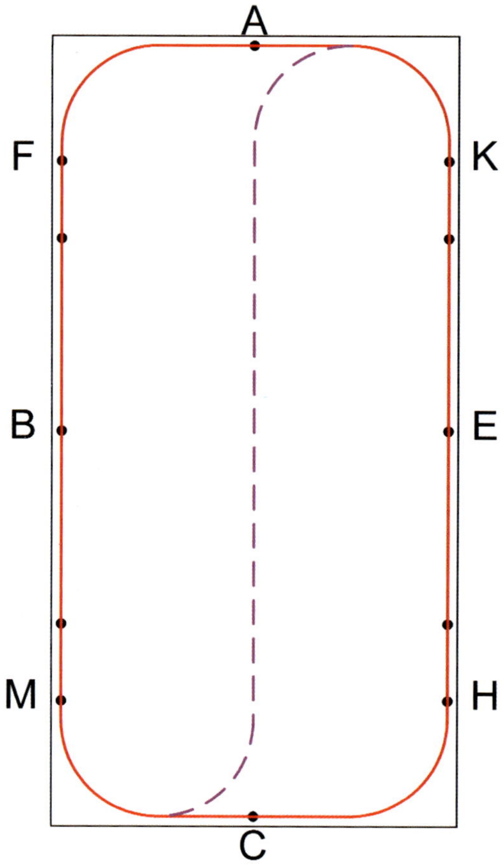

Die Wechsellinie durch die Länge der Bahn.

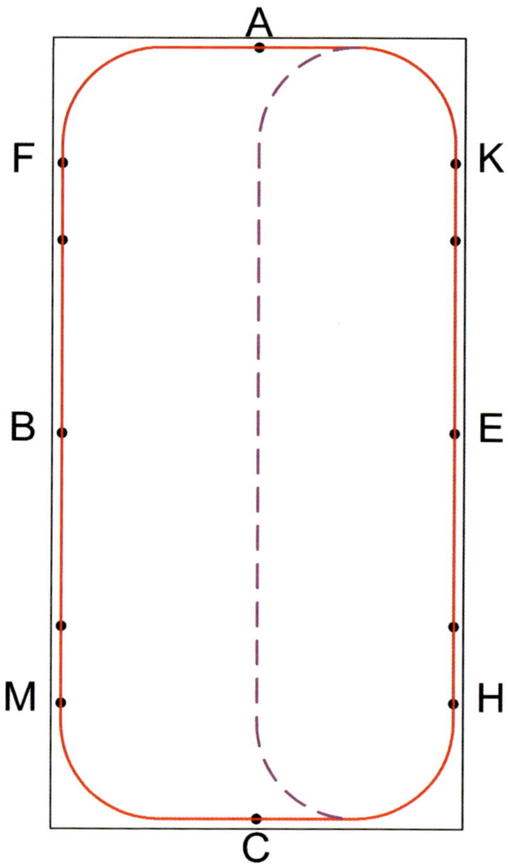

Bei dieser Hufschlagfigur wird kein Handwechsel durchgeführt.

5.6. Durch die Länge der Bahn geritten

So sieht die Figur aus:

Wie beim -> Durch-die-Länge-der-Bahn-Wechseln wendet der Reiter Mitte der kurzen Seite auf die Mittellinie ab. Beim Erreichen des Hufschlags an der Mitte der gegenüberliegenden kurzen

Seite wird hier allerdings nicht die Hand gewechselt, sondern die Richtung beibehalten: Wenn der Reiter von der rechten Hand kommt, wendet er wieder nach rechts ab, kommt er von der linken Hand, wendet er gleich bleibend nach links ab. Derzeit wird diese Hufschlagfigur in Dressuraufgaben der Klassen E und A nicht gefordert.

Dazu dient die Figur:

Auf der Mittellinie zeigt sich, wie ausbalanciert, gymnastiziert und durchlässig das Pferd ist. Diese Hufschlagfigur fordert einen sicheren, gleich bleibenden Takt, eine ruhige Anlehnung und ein gerade gerichtetes Pferd.

So wird die Figur geritten:

Ebenso wie beim Durch-die-Länge-der-Bahn-Wechseln kommt es auch bei dieser Hufschlag-figur darauf an, dass der Reiter nach dem Aus-reiten der ersten Ecke der kurzen Seite rechtzeitig abwendet mit Blick auf den Zielpunkt der Gera-den, um die Mittellinie von Anfang an korrekt zu treffen. Das Abwenden wird als -> Viertelvolte angelegt, ebenso das Wiedererreichen des Huf-schlags. Auf der Mittellinie wird das Pferd sauber geradeaus geritten.

Häufige Fehler:

Für das Geradeaus-Reiten auf der Mittellinie ist ein korrektes und vor allem rechtzeitiges Ab-wenden unverzichtbar. Nach dem Durchreiten

Die Mittellinie

Die Mittellinie spielt zu Beginn und am Ende einer Dressurprüfung eine wichtige Rolle. Beim Einzelreiter findet die Grußaufstellung auf der Mittellinie meistens am Punkt X statt. Da es in diesem Fall um den entschei-denden ersten Eindruck geht, ist es beson-ders wichtig, die Mittellinie exakt zu treffen und wirklich geradeaus zu reiten, um nach einer -> ganzen Parade gerade und ge-schlossen zum Stehen zu kommen.

Auf der Mittellinie geht es schnurgeradeaus, ohne zu schwanken.

Das Halten auf der Mittellinie spielt in Dressurprüfungen eine wichtige Rolle.

der Ecke schaut der Reiter bereits dorthin, wo er hin möchte. In der Wendung wird das Pferd gestellt und gebogen, um dann bei Erreichen der Mittellinie gerade gestellt zu werden. Damit das Pferd nicht schwankt und ausbricht, muss der Reiter selbst gut ausbalanciert im Mittelpunkt sitzen und mit seinen Hilfen beidseitig gleichmäßig einwirken.

5.7. Links um/Rechts um

So sieht die Figur aus:
Beim Kommando Links um bzw. Rechts um wendet der Reiter im rechten Winkel in die gewünschte Richtung ab. Dabei wird die Wendung analog zu den Ecken der -> ganzen Bahn geritten.

Dazu dient die Figur:
Dieses Kommando kann einen Handwechsel einleiten. Es führt Reiter und Pferd ins Innere des Vierecks. Besondere Bedeutung kommt ihm beim Formations- und Abteilungsreiten zu (siehe Kapitel 6).

So wird die Figur geritten:
Beim Abwenden wird das Pferd nach innen gestellt. Der Reiter sitzt vermehrt innen, Außenzügel und Außenschenkel wirken verwahrend und hindern das Pferd am Ausbrechen aus der gewünschten Wendung. Für die Wendung wird eine -> Viertelvolte zugrunde gelegt. Nach Erreichen der gewünschten rechtwinkligen Linie wird das Pferd gerade gestellt. Der Reiter sitzt nun wieder gleichmäßig auf beiden Gesäßknochen und treibt beidseitig gleichmäßig.

Häufige Fehler:

Dieses Abwenden wird kurz und knapp angesagt und oft entsprechend kurz und knapp geritten. Dabei kann es vorkommen, dass das Pferd zu eng in die Wendung geritten, dabei hauptsächlich am Zügel herumgezogen und in punkto Biegung überfordert wird. Wird ein Links-Um oder Rechts-Um an einem bestimmten Bahnpunkt (etwa B oder E) verlangt, muss die Wendung entsprechend rechtzeitig eingeleitet werden. Wird eine Viertelvolte mit einem Durchmesser von 10 Metern zugrunde gelegt, beginnt das Abwenden entsprechend bereits fünf Meter vor dem Bahnpunkt. So treffen Reiter und Pferd die gewünschte Linie in einer ihrem Können entsprechenden Wendung. Dabei ist darauf zu achten, dass das Pferd in der Wendung korrekt gestellt und gebogen wird.

5.8. Der Zirkel

So sieht die Figur aus:

Ein Zirkel ist ein Kreis mit einem Durchmesser von 20 Metern.

Im Standard-Viereck mit Abmessungen von 20 x 40 Metern können drei Zirkel angelegt werden: der Zirkel bei A, der Zirkel bei C und der Mittelzirkel.

Der Zirkel bei A berührt den Hufschlag an drei Punkten: bei A und an den beiden Zirkelpunkten, die jeweils 10 Meter hinter der Ecke der Bahn liegen. Der Zirkel bei C berührt den Hufschlag bei C und an den beiden Zirkelpunkten dieser Bahnhälfte. Beide Zirkel treffen sich am Punkt X in der Mitte der Bahn, der als vierter Anhaltspunkt für den angelegten Kreis dient.

Der Punkt X ist zugleich der Mittelpunkt des Mittelzirkels, der den Hufschlag nur an den beiden Halbe-Bahn-Punkten E und B berührt.

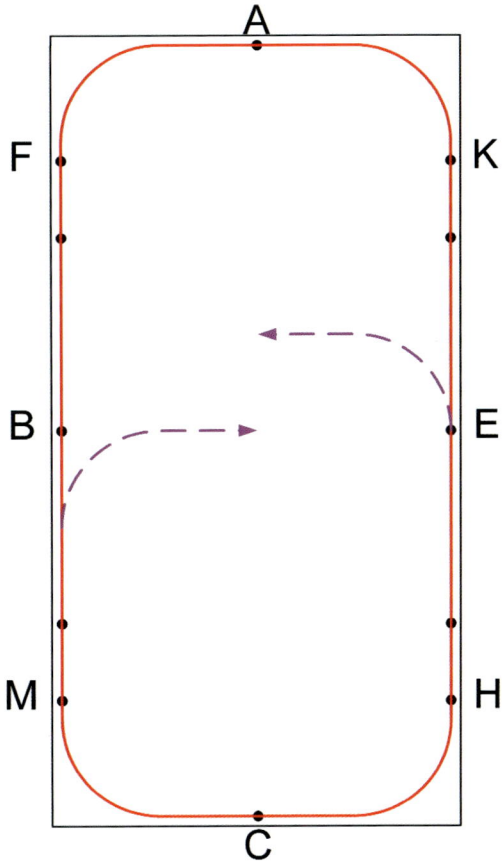

Links um, rechts um: Der Reiter wendet im 90°-Winkel ab.

Dazu dient die Figur:

Der Zirkel ist eine grundlegende Hufschlagfigur. Er bietet die großzügigste gebogene Linie. Ihm kommt große Bedeutung bei der Ausbildung und Gymnastizierung des jungen Pferdes zu. Generell ist der Zirkel unverzichtbarer Bestandteil der Lösungsphase, kann aber ebenso in der fortführenden Arbeit nützlich sein. Er fordert und fördert

Stellung und Biegung und sollte im Verlauf einer Trainingseinheit stets auf beiden Händen geritten werden, um das Pferd gleichmäßig beidseitig zu gymnastizieren und so geradezurichten.

So wird die Figur geritten:

Auf der Zirkellinie wird das Pferd nach innen gestellt und um den inneren Schenkel gebogen. Der innere Zügel gibt die Innenstellung vor, während der äußere Zügel weit genug nachgibt, um diese Stellung zu erlauben, und zugleich die äußere Schulter begrenzt und eine übertriebene Innenstellung verhindert, so dass das Pferd nicht über die Schulter nach außen aus der gewünschten Stellung und Biegung ausbrechen kann. Der Reiter sitzt vermehrt auf dem inneren Gesäßknochen und führt die äußere Schulter bei aufrechtem und geradem Oberkörper etwas vor, so dass seine Schultern parallel zu den Schultern des Pferdes in Bewegungsrichtung auf die Zirkellinie eingestellt sind. Im Gegenzug nimmt der Reiter die äußere Hüfte etwas zurück und legt den äußeren Schenkel verwahrend zwei bis drei Handbreit hinter den Gurt, wo dieser die Hinterhand des Pferdes auf der Zirkellinie in der gewünschten Biegung hält. Diese Hilfen werden gleich bleibend und gleichmäßig eingesetzt. Dabei wird das Pferd um den Innenschenkel gebogen und an den Außenzügel herangeritten. Ein korrekter Zirkel ist die Basis für alle Wendungen und gebogenen Linien. Da die gebogene Linie hier im wahrsten Sinne des Wortes endlos ist, muss der Reiter wirklich gleichbleibend korrekt einwirken.

Häufige Fehler:

Während die Ecken der ganzen Bahn oft nicht tief genug ausgeritten werden, tritt beim Zirkel häufig das gegensätzliche Problem auf: Reiter und

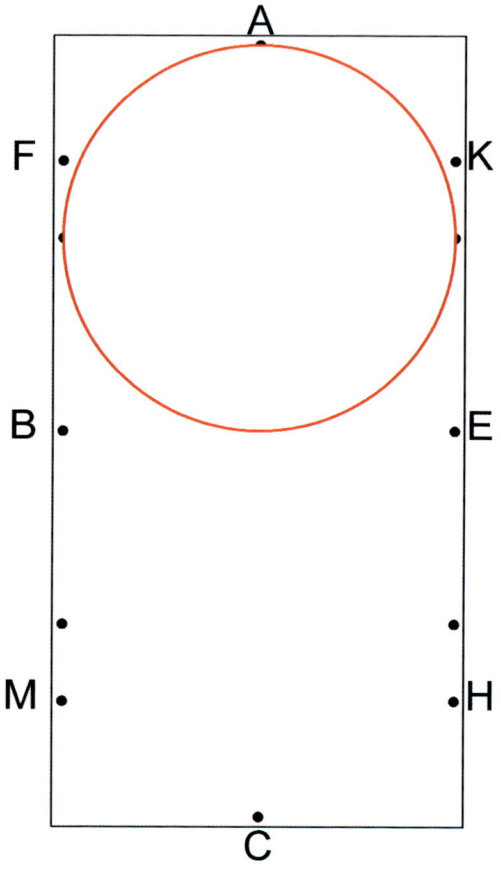

Pferd bleiben nicht auf der Kreislinie, sondern nähern sich dem Hufschlag der ganzen Bahn an. Dadurch entsteht leicht eine eckige oder eiförmige Figur. Oft fehlt es in diesem Fall lediglich an Konzentration und bewusster Linienführung. Der Reiter muss die kreisrunde Linie des Zirkels visualisieren.

Ein Einknicken in der Hüfte führt häufig dazu, dass der Reiter zwar den Oberkörper nach innen

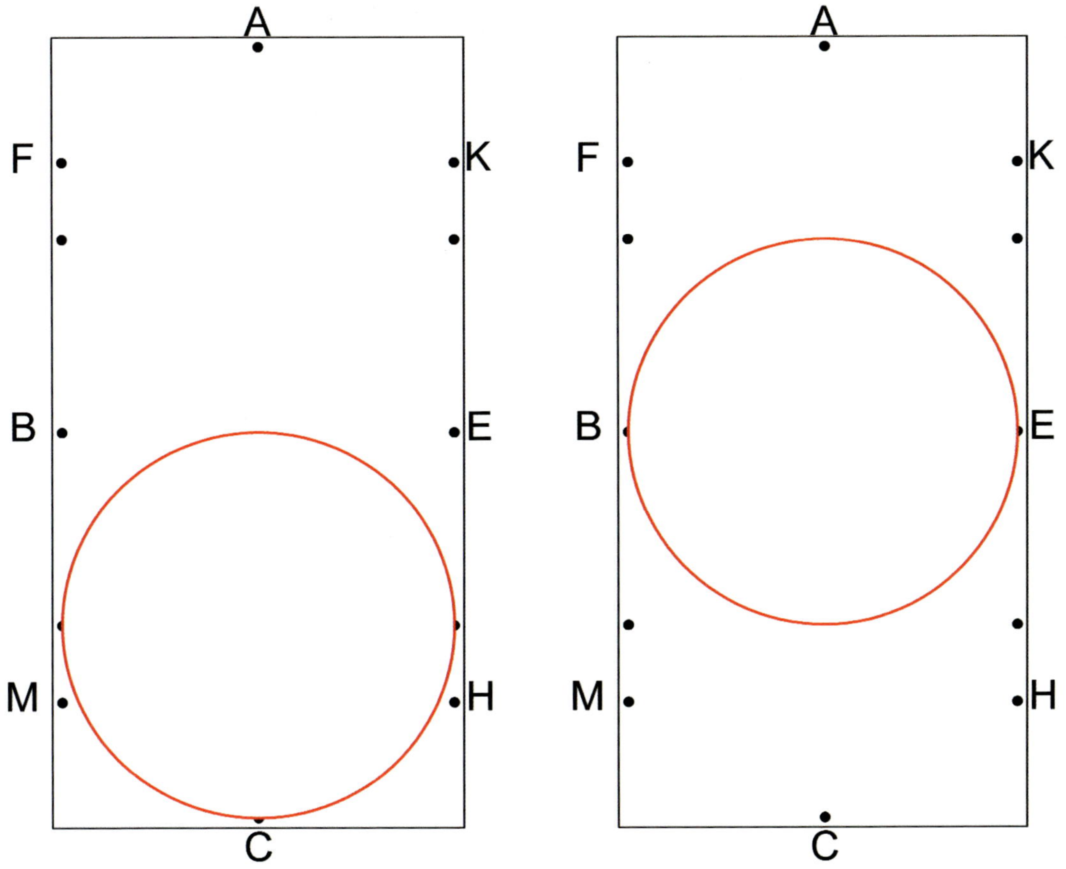

A

F • • K

• •

B • • E

M • • H

C

A

F • • K

• •

B • • E

M • • H

C

Im 20 x 40 Meter-Viereck können drei Zirkel angelegt werden.

neigt, das Gewicht jedoch vermehrt auf den äußeren Gesäßknochen bringt. Die Schultern des Reiters müssen auch in der Wendung auf gleicher Höhe bleiben. Es hilft, die Gesäßknochen wirklich bewusst zu erspüren.

Der Innenzügel gibt die Stellung vor, doch darf der Reiter nicht permanent am inneren Zügel ziehen. Wenn die gewünschte Stellung erreicht ist,

wird die innere Hand leicht, ohne dabei die Anlehnung aufzugeben. Der innere Schenkel trägt dazu bei, das Pferd von der Innenhand zu lösen und vermehrt an den Außenzügel zu reiten.

Manche Pferde entziehen sich der Einwirkung des Reiters, indem sie zwar sofort die Innenstellung annehmen, aber dann im Hals nach innen abknicken und über die äußere Schulter

Auf der Zirkellinie wird das Pferd nach innen gestellt und um den inneren Schenkel gebogen.

seitlich ausbrechen: Sie schauen zwar in die ge-wünschte Bewegungsrichtung, bewegen sich aber nach außen daran vorbei. In diesem Fall muss der Außenzügel deutlich begrenzend ein-wirken. Zur kurzfristigen Korrektur kann es hilf-reich sein, das Pferd für einige Tritte nach außen zu stellen und so wieder auf die Zirkellinie zu-rückzuführen. Langfristig müssen in diesem Fall das Zusammenspiel der Hilfen und dadurch die Durchlässigkeit des Pferdes verbessert werden.

Falls das Pferd im Gegenteil den inneren Schen-kel nicht respektiert und nach innen drängt, muss generell ebenfalls an der Hilfengebung des Reiters und somit der Durchlässigkeit des Pferdes

gearbeitet werden. In diesem Fall ist es sinnvoll, das Pferd mit Lektionen wie dem -> Schenkel-weichen und der -> Vorhandwendung verstärkt für den seitwärts treibenden inneren Schenkel zu sensibilisieren.

5.9. Aus dem Zirkel wechseln

So sieht die Figur aus:

Aus dem Zirkel gewechselt wird stets beim Punkt X aus dem -> Zirkel bei A zum Zirkel bei C oder umgekehrt. Bei X wird das Pferd für einige Tritte gerade gestellt und dann umgestellt auf die neue Zirkellinie. So entsteht eine Figur, die aus-sieht wie eine Acht.

Dazu dient die Figur:

Auch bei dieser Hufschlagfigur geht es zunächst um einen Handwechsel. Von der gebogenen Zirkellinie aus bietet diese Figur die großzügigste und daher einfachste Möglichkeit zum Handwechsel. Daher eignet sie sich gut zum Lösen des Pferdes. Das Umstellen auf die neue Stellung und Biegung gymnastiziert das Pferd, verbessert die Durchlässigkeit und trägt dazu bei, das Pferd geradezurichten.

So wird die Figur geritten:

Auf der Zirkellinie achtet der Reiter darauf, das Pferd in der gewünschten Stellung und Biegung zu reiten. Vor dem Punkt X nimmt er die Stellung zurück und reitet geradeaus, um anschließend die neue Stellung und Biegung herzustellen. Dazu wird der verwahrende äußere Schenkel zunächst zum geradeaus treibenden und anschließend zum Innenschenkel, während der vorige Innenschenkel nun entsprechend verwahrend zurückgenommen wird. Auf der Zirkellinie wird der innere Gesäßknochen vermehrt belastet. Beim Umstellen werden für einige Tritte bei X beide Gesäßknochen gleichmäßig belastet, ehe der neue innere Gesäßknochen mehr Gewicht aufnimmt.

Häufige Fehler:

Es ist wichtig, dass das Umstellen auf die neue Hand fließend, taktmäßig und mit gleichbleibender Anlehnung erfolgt. Oft wird das Pferd abrupt auf die neue Linie geritten und mit dieser plötzlichen Wendung überfordert, so dass es zu Taktfehlern, unruhiger Anlehnung und fehlerhafter Linienführung kommt. Der Reiter sollte daher bewusst einige Tritte nutzen, um das Pferd zunächst geradeaus zu reiten und dann erst auf die neue Zirkellinie zu führen. Während der

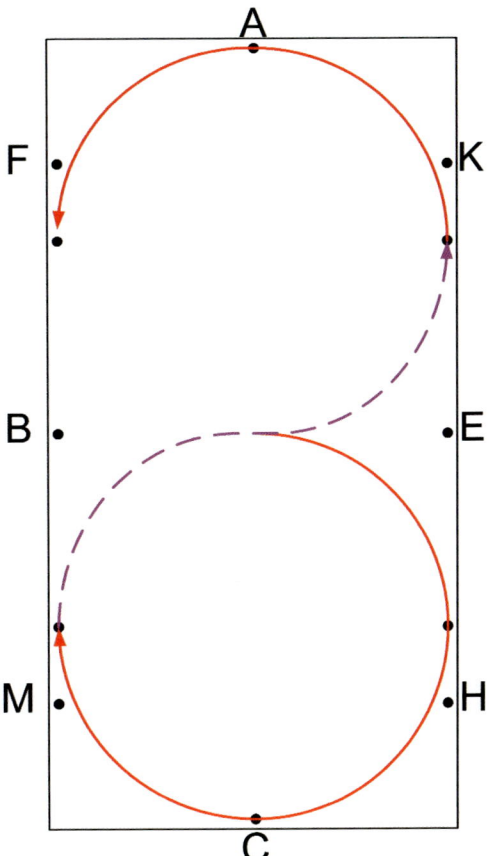

Wird diese Figur mehrere Male nacheinander geritten, ergibt sich eine Acht.

Umstellung geht der Blick des Reiters zum nächsten Zirkelpunkt, an dem der Zirkel den Hufschlag berührt, um so eine korrekte Linienführung zu erreichen.

Ebenso ist darauf zu achten, dass der Takt erhalten bleibt. Wenn das Pferd während des Handwechsels unruhiger und eiliger wird, liegt dies häufig daran, dass der Reiter zu stark einwirkt und das Pferd verunsichert. Weniger ist mehr: Je unauffälliger der Wechsel eingeleitet und ausgeführt wird, desto taktmäßiger und gleich bleibender in der Anlehnung gelingt er häufig.

5.10. Durch den Zirkel wechseln

So sieht die Figur aus:

Durch den Zirkel gewechselt wird in einer S-förmigen Schlangenlinie. Diese beginnt am Zirkelpunkt vor der offenen Seite des -> Zirkels, d.h. nach der zweiten Ecke der kurzen Seite (auch wenn die Ecken nicht durchritten werden). Hier wendet der Reiter ab und legt einen Halbkreis mit einem Durchmesser von 10 Metern an, der auf der Mittellinie mit Blickrichtung zur Mitte der kurzen Seite endet. Nun wird das Pferd umgestellt und auf einen Halbkreis in die andere Richtung abgewendet, der ebenfalls einen Durchmesser von 10 Metern hat und am gegenüberliegenden Zirkelpunkt endet. Anschließend wird das Pferd wieder auf die Zirkellinie zurückgeführt und befindet sich nun zwar noch auf dem gleichen Zirkel bei A oder C, aber auf der anderen Hand.

Dazu dient die Figur:

Auch durch den Zirkel wird die Hand gewechselt, doch ist die Linienführung hier erheblich enger als etwa beim -> Aus-dem-Zirkel-Wechseln. Es wird eine deutliche Biegung des Pferdes verlangt. So hat diese Hufschlagfigur eine stärkere gymnastizierende und geraderichtende Wirkung und eignet sich daher nicht für den Beginn der Lösungsphase, sondern sollte erst geritten werden, wenn das Pferd aufgewärmt und grundsätzlich gelöst ist bei sicherem Takt und ruhiger Anlehnung.

So wird die Figur geritten:

Beim Durch-den-Zirkel-Wechseln wird eine recht enge Schlangenlinie mit 10 Metern Durchmesser in S-Form angelegt. Dabei wird das Pferd um den jeweiligen Innenschenkel gebogen. Der Reiter belastet deutlich den inneren Gesäßknochen, der innere Schenkel liegt am Gurt, der äußere Schenkel liegt verwahrend zwei bis drei Handbreit hinter dem Gurt. Der Innenzügel gibt die Innenstellung vor, während der Außenzügel soweit nachgibt, dass er diese Stellung zulässt und zugleich verwahrend auf die äußere Schulter einwirkt. Der Reiter nimmt die äußere Schulter mit nach vorne in die Wendung. Das Umstellen in der Mitte erfolgt ruhig und fließend.

Häufige Fehler:

Auch wenn die verlangte Biegung des Pferdes auf der Wechsellinie stärker ausgeprägt ist als auf der vorhergehenden Zirkellinie, darf doch die Innenstellung des Pferdes nicht zu deutlich verstärkt werden. Das gesamte Pferd muss gleichmäßig auf die gebogene Linie eingestellt werden. Diese gewünschte Biegung des Pferdes muss mit Rücksicht auf die Anatomie des Pferdes und auf seinen Ausbildungsstand erarbeitet werden. Bei einer zu starken Innenstellung ist eine korrekte Biegung nicht mehr möglich. Der Übergang von der Zirkellinie auf die enger gebogene Wechsellinie erfolgt fließend, nicht abrupt.

In einer relativ engen Wendung wie dieser kann es leicht passieren, dass der Reiter sich nicht nur horizontal auf die gebogene Linie einstellt, also korrekt die äußere Schulter mit nach vorne führt, sondern dabei in eine Schieflage gerät, bei der die äußere Schulter sich nicht nur weiter vorne, sondern auch höher befindet als die innere Schulter. In diesem Fall ist der Reiter in der Hüfte

Die Hufschlagfigur beginnt am Zirkelpunkt.

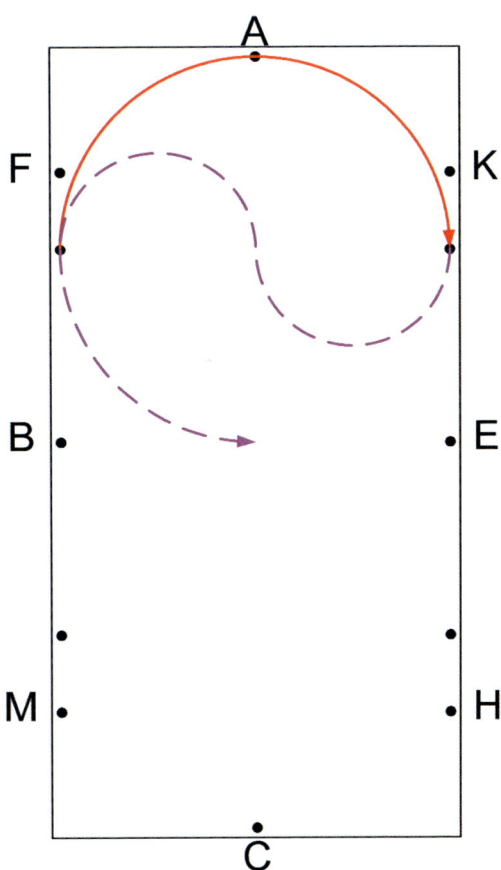

Auf der Wechsellinie muss das Pferd geschmeidig umgestellt und entsprechend gebogen werden.

eingeknickt und belastet nun nicht mehr verstärkt den inneren Gesäßknochen, sondern sitzt im Gegenteil vermehrt auf dem äußeren Gesäßknochen und gibt damit die falschen Gewichtshilfen.

Wird die Umstellung hektisch und überfallartig ausgeführt, kommt das Pferd leicht ins Schleu-

dern und fällt mit der Hinterhand aus, fußt also mit den Hinterhufen nicht mehr auf der gleichen Linie wie die Vorderhufe auf. Der Reiter selbst muss daher in der Hilfengebung ruhig, bewusst und geschmeidig sein und aktiv die verwahrenden äußeren Hilfen einsetzen.

5.11. Zirkel verkleinern und vergrößern

So sieht die Figur aus:

Beim Zirkel-Verkleinern wird die Zirkellinie schneckenförmig nach innen verkleinert, bis eine dem Ausbildungsstand des Pferdes angemessene gebogene Linie um den Mittelpunkt des -> Zirkels erreicht wird. Auf dem Niveau der Klassen E und A ist dies ein Kreis mit einem Durchmesser von 10 Metern. Anschließend wird das Pferd wieder auf einer immer größer werdenden Linie zurück auf den ursprünglichen Zirkel geführt. Derzeit wird diese Figur in Dressuraufgaben der Klassen E und A nicht gefordert.

Dazu dient die Figur:

Das allmähliche Verkleinern und Vergrößern der gebogenen Linie erhöht einerseits die Geschmeidigkeit des Pferdes und dient so dem Geraderichten, andererseits wird, je enger der innere Kreis gezogen wird, mehr und mehr auch die Tragkraft gefordert, indem das Pferd das Gewicht vermehrt mit der Hinterhand aufnimmt und so darauf vorbereitet wird, sich zu versammeln. Für den Beginn der Lösungsphase ist diese Hufschlagfigur daher nicht geeignet.

So wird die Figur geritten:

Das Verkleinern des Zirkels wird sanft eingeleitet. Dabei wird das Pferd desto deutlicher um den Innenschenkel gebogen, je kleiner der Kreisbogen wird. Der Reiter sitzt vermehrt auf dem inneren Gesäßknochen, der äußere Zügel wirkt verwahrend auf die äußere Schulter des Pferdes und der äußere Schenkel wirkt verwahrend auf die Hinterhand des Pferdes. Der Innenzügel gibt die Stellung vor, ohne dass dabei stärkerer Druck in der Zügelverbindung aufgebaut wird. Nachdem der innere 10-Meter-Kreis erreicht ist, wird

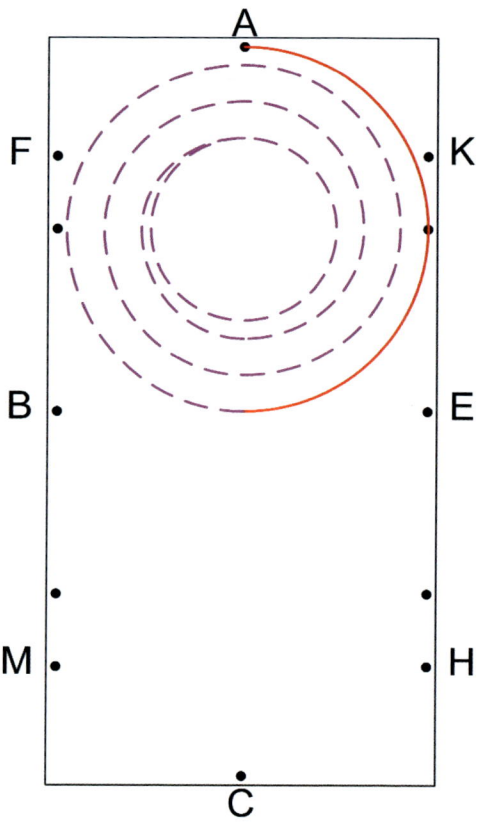

Der Zirkel wird schneckenförmig verkleinert und anschließend wieder vergrößert.

das Pferd auf einer gleichmäßigen Spirale in mehreren Umläufen wieder zurück auf den Zirkelbogen geführt.

Häufige Fehler:

Diese Hufschlagfigur ist nur dann sinnvoll, wenn sie wirklich kreisförmig und gleichmäßig angelegt wird. Der Reiter muss deshalb darauf achten, die Linienführung nicht zu schnell zu verkleinern

Auf dem verkleinerten Zirkel befinden sich Pferd und Reiter mitten in der Bahn.

(oder zu vergrößern), sondern in allmählich kleiner werdenden Kreisen zum Mittelkreis zu gelangen. Es wird nach und nach eine stärkere Längsbiegung des Pferdes erarbeitet. Besonders wichtig ist es, darauf zu achten, dass das Pferd nicht nach außen ausbricht und sich so dieser Biegung entzieht. Ebenso darf es nicht über die innere Schulter laufen und auf diese Weise den Kreisbogen und die damit verbundene Biegung nach innen verlassen. Die Innenstellung verhindert im Zusammenwirken mit dem Innenschenkel ein Ausfallen nach innen, während Außenzügel und Außenschenkel das Pferd daran hindern, nach außen auszubrechen. Dabei dreht der Reiter den Oberkörper in die Wendung hinein, ohne dabei in

der Hüfte einzuknicken, so dass der innere Gesäßknochen deutlich belastet wird.

Diese Hilfen dürfen nicht einzeln und sozusagen bedarfsweise eingesetzt werden, sondern erarbeiten im permanenten Zusammenspiel die gewünschte Biegung. Es kann vorkommen, dass das Pferd bei der stärker werdenden Biegung ebenso allmählich langsamer wird. Der Takt muss jedoch in jedem Fall erhalten bleiben.

5.12. Einfache Schlangenlinie an der langen Seite

So sieht die Figur aus:

Entlang der langen Seite der -> ganzen Bahn wird von Wechselpunkt zu Wechselpunkt eine Schlangenlinie geritten. Diese führt vom ersten Wechselpunkt aus in einem flachen Bogen hinein in die Bahn. Auf Höhe des Halbe-Bahn-Punktes (E oder B) befinden sich Reiter und Pferd 5 Meter vom Hufschlag entfernt innerhalb der Reitbahn. Nun führt die Schlangenlinie zurück zum Hufschlag, den sie am zweiten Wechselpunkt der langen Seite erreicht.

Dazu dient die Figur:

Die einfache Schlangenlinie ist eine gymnastizierende lösende Lektion. Sie verlangt ein geschmeidiges Wechseln von Links- und Rechtsstellung und -biegung in einem flachen Bogen mit großer Linienführung. Die freie Linie in die Bahn hinein fordert eine klare Hilfengebung, gute Orientierung innerhalb der Bahn und feine Kommunikation des Reiters mit dem Pferd.

So wird die Figur geritten:

Nach dem korrekten Durchreiten der Ecke wendet der Reiter in Innenstellung und entsprechender Biegung am Wechselpunkt ab. In der Schlangenlinie wird das Pferd sanft umgestellt und in die andere Richtung gebogen. Dazu belastet der Reiter nun den anderen Gesäßknochen, der vorher äußere Schenkel kommt nach vorne an den Gurt, der vorige Innenschenkel wird nun verwahrend hinter den Gurt genommen. Auf Höhe des Halbe-Bahn-Punktes ist der Scheitelpunkt der Schlangenlinie erreicht, der 5 Meter innerhalb der Bahn liegt, also genau zwischen der Mittellinie und dem Hufschlag. Nun führt der Bogen wieder zurück zum Hufschlag. Vor dem Wechselpunkt wird das Pferd erneut umgestellt. Nach Erreichen des Hufschlags wird das Pferd gerade gestellt und anschließend tief in die Ecke geritten. Im Leichttraben wechselt der Reiter beim Umstellen des Pferdes auch den Fuß, auf dem er leichttrabt.

Häufige Fehler:

Die einfache Schlangenlinie wird oft ungleichmäßig angelegt oder auch zu tief in die Bahn hineingeritten. Schon beim ersten Abwenden muss der Reiter genau wissen, wie der Bogen aussehen soll, und den Scheitelpunkt der Schlangenlinie im Blick behalten.

Die großzügige Linienführung verleitet dazu, Stellung und Biegung zu vernachlässigen. Doch auch wenn der Bogen eher flach ist, muss das Pferd dennoch korrekt gestellt und gebogen werden. Dabei ist es wichtig, dass der Reiter das Pferd sanft und nicht etwa überfallartig umstellt, wenn die neue Biegung eingeleitet wird.

5.13. Doppelte Schlangenlinie an der langen Seite

So sieht die Figur aus:

Entlang der langen Seite der -> ganzen Bahn wird

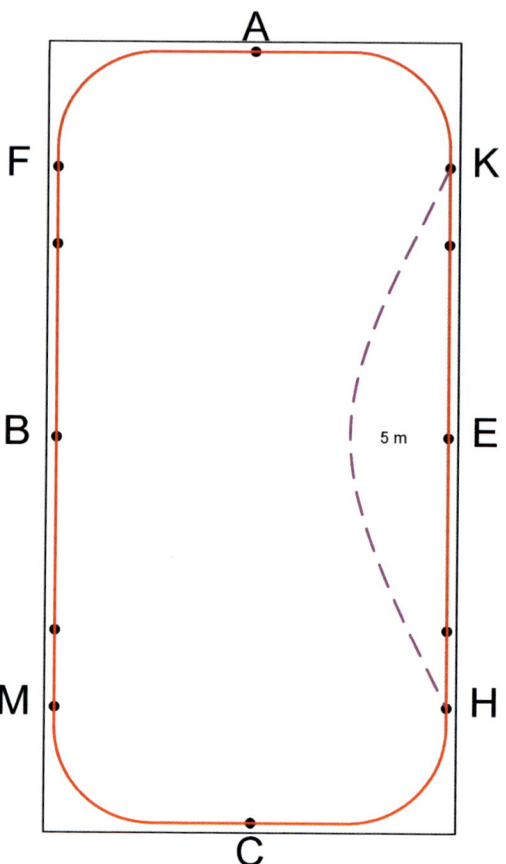

Die einfache Schlangenlinie wird als gleichmäßiger Bogen geritten.

von Wechselpunkt zu Wechselpunkt eine zweibögige Schlangenlinie geritten, die den Hufschlag am Halbe-Bahn-Punkt berührt. Die Bögen der Schlangenlinie führen in die Bahn hinein und sind am Scheitelpunkt jeweils 2,5 Meter vom Hufschlag entfernt.

Derzeit wird diese Figur in Dressuraufgaben der Klassen E und A nicht gefordert.

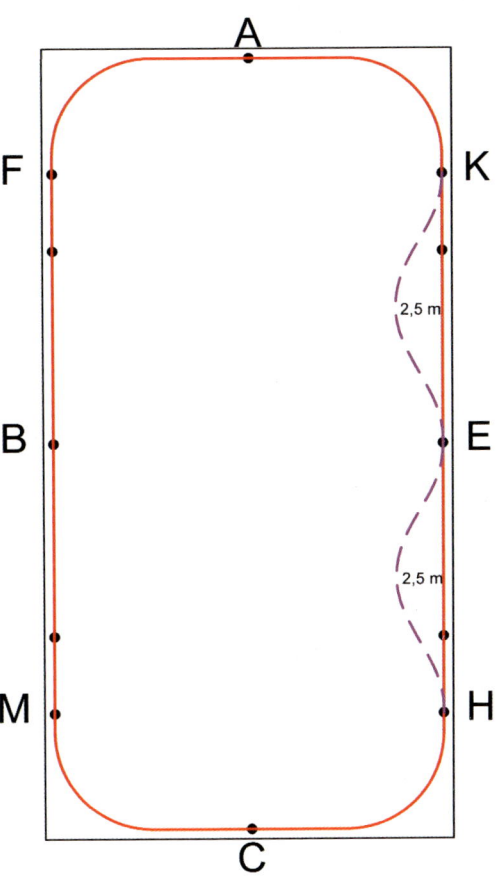

Entlang der Schlangenlinie wird das Pferd gestellt und gebogen.

Die doppelte Schlangenlinie fordert schnelle und geschmeidige Richtungswechsel.

Dazu dient die Figur:

Die doppelte Schlangenlinie verlangt in schneller Abfolge ein mehrmaliges Umstellen und Einstellen auf eine neue Biegung. Dadurch wird einerseits die Geschmeidigkeit des Pferdes erhöht, andererseits kommt hier aber auch die Hilfengebung des Reiters auf den Prüfstand. Häufige und fließende Wechsel in der Einwirkung fordern eine schnelle Reaktionszeit, einen geschmeidigen Sitz und eine bewusste Hilfengebung.

So wird die Figur geritten:

Die doppelte Schlangenlinie kann im Schritt oder Trab absolviert werden. Im Trab wird sie im Aussitzen geritten, da der Reiter im Leichttraben alle paar Tritte umsitzen müsste.

Nach dem Durchreiten der Ecke wendet der Reiter am Wechselpunkt ab und legt einen kurzen, flachen Bogen an, dessen Scheitelpunkt auf halber Strecke zwischen dem Wechselpunkt und dem Halbe-Bahn-Punkt E bzw. B erreicht ist. Hier besteht ein Abstand von 2,5 Metern zum Hufschlag. Das Pferd wird gemäß der Linienführung der Schlangenlinie gebogen, es schaut also Richtung Hufschlag und wird um den vorherigen Außenschenkel gebogen, der nun kurzfristig zum Innenschenkel wird. Im Bogen geht es zurück zum Hufschlag, der am Halbe-Bahn-Punkt erreicht wird. Vor dem Erreichen des Hufschlags wird das Pferd erneut umgestellt und entsprechend gebogen. Nach dem Erreichen des Hufschlags wird sofort der zweite Bogen eingeleitet, der genauso aussieht wie der erste und am Wechselpunkt auf dem Hufschlag endet.

Bei jedem Umstellen des Pferdes gibt der Reiter mit den Zügeln die neue Stellung vor und sitzt um, d.h. er belastet den jeweils inneren Gesäßknochen. Die Schenkel werden so umgelegt, dass der im Bogen jeweils äußere verwahrend hinter dem Gurt liegt, während der Innenschenkel treibend am Gurt liegt.

Häufige Fehler:

Bei der doppelten Schlangenlinie ist es besonders wichtig, dass die Bögen mit Übersicht und guter Orientierung innerhalb der Bahn angelegt werden. Sobald der erste Bogen zu weit in die Bahn hineinführt, wird es schwierig, rechtzeitig zurück zum Hufschlag zu reiten und den zweiten Bogen korrekt anzulegen. Andererseits sollten schon erkennbare Bögen angelegt werden; ein bloßes Verlassen des Hufschlags ist nicht ausreichend.

In Punkto Umsitzen, Umstellen, Schenkel-Umlegen und Wechseln zwischen den Biegungen geht

es hier Schlag auf Schlag. Im Eifer des Gefechts kann es vorkommen, dass das Pferd zu ruckartig umgestellt und zu stark gestellt wird. Hier ist der Reiter gefragt, mit Ruhe und Übersicht zu agieren und die kurzen, flachen Bögen nicht zu übertreiben. Andernfalls geht schnell die gewünschte korrekte Biegung verloren. Wird anderseits auf Biegung weitgehend verzichtet, wie es auch zu beobachten ist, verliert die Hufschlagfigur ihre gymnastizierende Funktion und damit ihren Sinn.

5.14. Schlangenlinie durch die Bahn

So sieht die Figur aus:

Die Schlangenlinie durch die Bahn kann mit drei oder vier Bögen angelegt werden. Diese Bögen beginnen am Mittelpunkt der kurzen Seite und enden am gegenüberliegenden Mittelpunkt der kurzen Seite, d.h. sie führen von A zu C und umgekehrt. Dabei durchmessen sie die ganze Breite des Vierecks.

Dazu dient die Figur:

Auch diese Schlangenlinie dient vor allem der Gymnastizierung und somit letztendlich dem Geraderichten des Pferdes. Darüber hinaus ist die Schlangenlinie durch die Bahn mit drei Bögen auch geeignet, um das Pferd zu lösen.

So wird die Figur geritten:

Die Schlangenlinie durch die Bahn beginnt Mitte der kurzen Seite. Die zweite Ecke der kurzen Seite der -> ganzen Bahn wird daher nicht mehr tief ausgeritten, sondern schon im Bogen abgerundet. (Bei der Schlangenlinie mit vier Bögen ist dieser Bogen allerdings identisch zu einer -> Viertelvolte mit einem Durchmesser von 10 Metern, wird also ebenso begonnen, wie die Ecke der ganzen Bahn ausgeritten wird. Der Unterschied wird

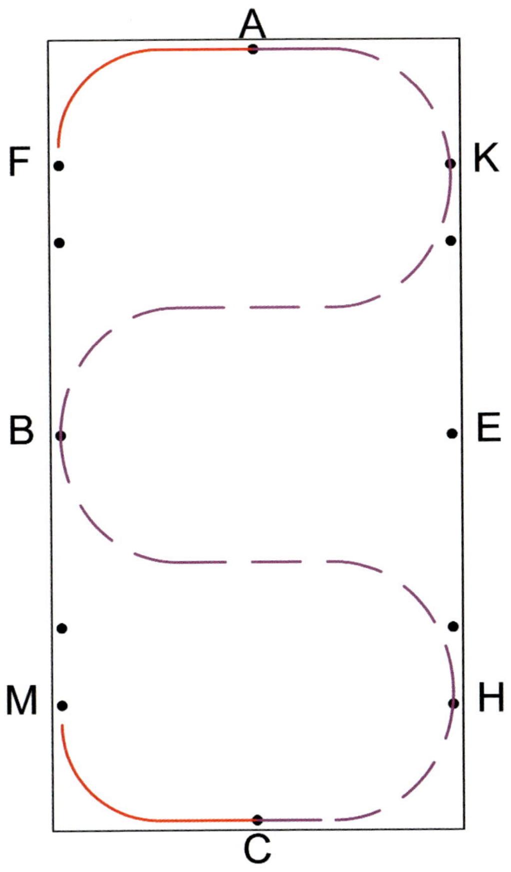

Die Schlangenlinie mit drei Bögen bietet die großzügigere Linienführung.

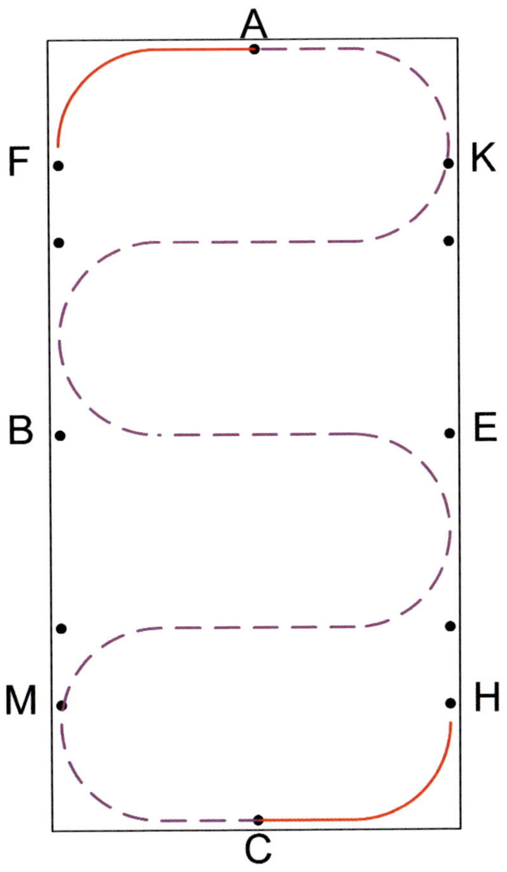

Die Schlangenlinie mit vier Bögen führt zu einem Handwechsel.

erst deutlich, wenn im weiteren Verlauf der Ausbildung von Reiter und Pferd die Ecken tiefer ausgeritten werden.)

Der Bogen wird als Halbkreis angelegt. Vor dem Überreiten der Mittellinie (parallel zur kurzen Seite) wird das Pferd für einige Meter gerade gestellt. Nun beginnt der nächste Bogen, der

ebenfalls halbkreisförmig geritten wird, usw. Auf der gebogenen Linie sitzt der Reiter vermehrt auf dem inneren Gesäßknochen, der innere Schenkel liegt treibend am Gurt, der äußere Schenkel liegt verwahrend hinter dem Gurt und verhindert ein Ausbrechen der Hinterhand des Pferdes. Der Innenzügel gibt die Stellung vor, der

Außenzügel verhindert ein Ausbrechen der äußeren Schulter des Pferdes. Zum Umsitzen und Umstellen wird das Pferd für einige Tritte gerade gestellt und geradeaus geritten, ehe es in die neue Biegung geführt wird. Der Blick des Reiters richtet sich auf den jeweils nächsten Zielpunkt am gegenüberliegenden Hufschlag.

Vier Bögen teilen die Bahn in 10-Meter-Abschnitte. Die Mittellinie wird auf Höhe der Zirkelpunkte, der Halbe-Bahn-Punkte und wieder der Zirkelpunkte überquert. Drei Bögen bieten zwar die großzügigere und somit einfachere Linienführung, aber weniger Orientierungspunkte im Viereck. Die 40 Meter lange Reitbahn wird in drei gleich große Abschnitte unterteilt. Das ergibt Bögen von ca. 13,3 Metern Durchmesser.

Häufige Fehler:

Bei dieser Schlangenlinie kommt es vor allem darauf an, die Bögen gleichmäßig anzulegen. Werden die ersten Bögen zu groß angelegt, müssen die letzten Bögen zwangsläufig zu eng werden und überfordern damit Pferd und Reiter. Des Weiteren ist darauf zu achten, dass die Mittellinie auf einer geraden Linie parallel zur kurzen Seite überquert wird. Wird der Bogen zu weit gezogen, sind Reiter und Pferd schon wieder Richtung Ausgangpunkt unterwegs (der Kreis schließt sich). Dadurch entsteht bei der Wendung in den nächsten Bogen eine S-förmige Linie, die nicht korrekt ist.

Das Umstellen von einer Wendung in die andere darf nicht plötzlich und überfallartig erfolgen. Deswegen wird das Pferd für einige Tritte bewusst geradeaus geritten, ehe die neue Wendung eingeleitet wird. Zu viel Innenstellung verhindert eine korrekte Biegung des Pferdes und begünstigt ein Ausbrechen über die äußere Schulter.

5.15. Volte

So sieht die Figur aus:

Die Volte ist ein Kreis mit einem bestimmten Durchmesser (10 Meter, 8 Meter oder 6 Meter), der meist vom Hufschlag der -> ganzen Bahn aus angelegt wird. Je höher der Ausbildungsstand von Pferd und Reiter ist, desto enger wird die Volte. Auf dem Niveau der Klasse A werden 10-Meter-Volten geritten.

Dazu dient die Figur:

Die Volte ist die engste gebogene Linie, die bis zur Klasse A absolviert wird. Sie verlangt das höchstmögliche Maß an Biegung und ist daher nicht zu unterschätzen. Korrekt geritten fördert sie als gymnastizierende Übung das Gleichgewicht und die Balance und somit das Geraderichten des Pferdes. Zugleich dient die Volte auch bereits als versammelnde Übung.

So wird die Figur geritten:

Eine Volte beginnt und endet am gleichen Punkt. Der Reiter wendet auf einen Kreisbogen von 10 Metern Durchmesser ab, der sich am gleichen Punkt wieder schließt. Anschließend geht es weiter geradeaus auf dem Hufschlag.

In der Volte wird das Pferd deutlich nach innen gestellt, ohne dass der innere Zügel deswegen starken Druck aufbaut. Sobald das Pferd die gewünschte Stellung erreicht hat, wird die Zügelverbindung leicht. Der Außenzügel begrenzt das Pferd nach außen, ebenso wie der äußere Schenkel, der verwahrend hinter dem Gurt liegt. Gebogen wird das Pferd um den Innenschenkel, der treibend am Gurt liegt. Der Reiter nimmt die äußere Schulter mit nach vorne in die Wendung, während die äußere Hüfte parallel zu den Hüften des Pferdes weiter hinten bleibt, und belastet deutlich den inneren Gesäßknochen.

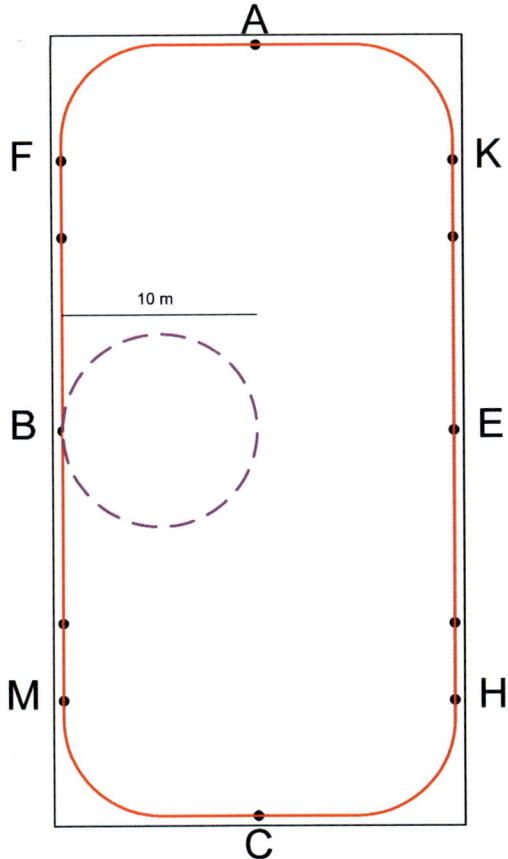

Eine Volte muss kreisrund angelegt werden.

Häufige Fehler:

Viele Volten werden nicht kreisrund geritten, sondern ähneln eher einem Ei. Wenn der Reiter zu steil abwendet, kann kein runder Kreis entstehen. Hinzu kommt, dass Volten in der Praxis häufig nicht den gewünschten Durchmesser haben, sondern kleiner oder größer als vorgeschrieben angelegt werden. Es ist daher wichtig, dass der Reiter vor dem Abwenden eine klare Vorstellung von der Größe und Form der Volte hat.

Bei einer Volte mit einem Durchmesser von 10 Metern ist das am einfachsten. Vom Hufschlag der langen Seite aus führen 10 Meter genau bis zur Mittellinie – das ist die Tiefe der Volte. Die seitliche Ausdehnung beträgt mit 10 Metern einen halben Zirkeldurchmesser.

In der Volte erarbeitet der Reiter durch seine Hilfengebung die gewünschte Biegung des Pferdes. Dies kann nur gelingen, wenn das Zusammenspiel aller Hilfen das Pferd auf den Kreisbogen einstellt. Wird das Pferd lediglich am Innenzügel in die Volte hineingezogen, ist ein Ausbrechen über die äußere Schulter oder auch mit der Hinterhand vorprogrammiert.

Ein starrer und stark unter Zug stehender Innenzügel blockiert darüber hinaus das innere Hinterbein des Pferdes und verhindert so, dass das Pferd in der Wendung seine Balance findet. Gerade auf dieser engen Wendung ist es besonders wichtig, dass das Zusammenspiel von Innenschenkel und Außenzügel funktioniert, das auf allen gebogenen Linien von Bedeutung ist.

Hinzu kommt der Sitz des Reiters. Je enger die Wendung ist, desto größer ist die Gefahr, dass der Reiter den Oberkörper nicht korrekt in die Wendung hineindreht, sondern die innere Schulter tiefer trägt als die äußere, dabei in der Hüfte einknickt und so den äußeren Gesäßknochen vermehrt belastet – damit gibt er die falsche Gewichtshilfe. Die äußere Schulter wird nach vorne in Richtung der Wendung genommen, doch bleiben beide Schultern des Reiters dabei auf der gleichen Höhe.

Darüber hinaus ist in dieser engen Wendung darauf zu achten, dass Takt und Fleiß der Bewegung erhalten bleiben.

5.16. Kehrtvolte

So sieht die Figur aus:

Mit einer Kehrtvolte ist ein Handwechsel verbunden. Angelegt wird die Figur zunächst wie eine -> Volte. Nach einem entsprechenden Halbkreis

Stellung und Biegung in der Volte gymnastizieren das Pferd.

wird das Pferd auf einer geraden Linie in einem Winkel von ca. 45° zum Hufschlag zurückgeführt. Wird die Kehrtvolte z.B. am Halbe-Bahn-Punkt B oder E begonnen, wird der Hufschlag am Wechselpunkt vor der kurzen Seite erreicht. Reiter und Pferd befinden sich nun auf der anderen Hand. Derzeit wird die Kehrtvolte in Dressuraufgaben der Klassen E und A nicht gefordert.

Dazu dient die Figur:

Die Kehrtvolte verbindet die Anforderungen der Volte mit einem Handwechsel.

So wird die Figur geritten:

Am geforderten Punkt wendet der Reiter ab auf einer Kreislinie mit einem Durchmesser von 10 Metern. Dabei wird das Pferd nach innen gestellt und um den inneren Schenkel gebogen, der Reiter sitzt schwer auf dem inneren Gesäßknochen, Außenzügel und Außenschenkel begrenzen das Pferd, halten es auf der Kreislinie und verhindern ein Ausbrechen nach außen. Beim Erreichen des Scheitelpunkts verlässt der Reiter den Kreisbogen und reitet von dort auf einer schrägen Linie geradeaus zurück zum Hufschlag. Dabei wird das Pferd gerade gestellt, der Reiter sitzt nun gleichmäßig auf beiden Gesäßknochen und treibt gleichmäßig. Beim Erreichen des Hufschlags wird das Pferd nach innen gestellt (entgegengesetzt zu der Stellung in der halben Volte, da es sich bereits auf der anderen Hand befindet) und in einer leichten Stellung und Biegung auf den Hufschlag abgewendet. Sobald das Pferd ganz auf dem Hufschlag angekommen ist, wird es erneut ohne Stellung geradeaus geritten.

Häufige Fehler:

Diese Figur kann in zwei Teilen betrachtet werden. Der erste Teil besteht aus einer halben Volte

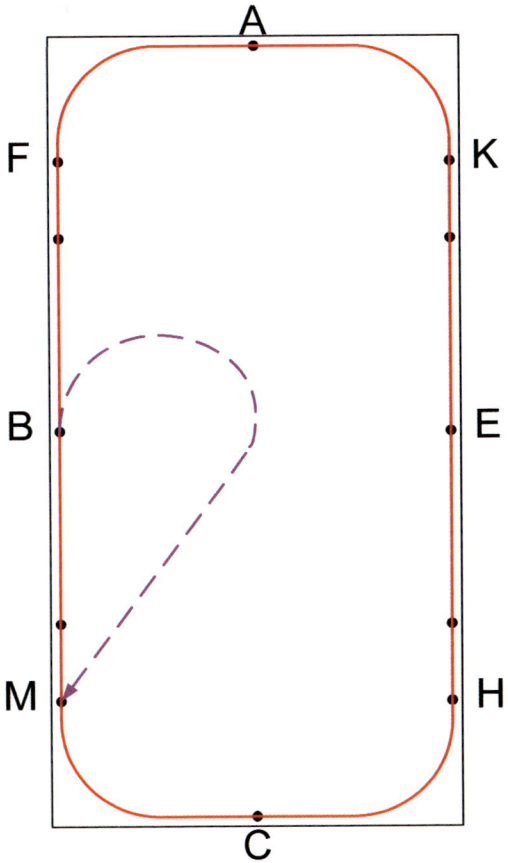

So sieht die Kehrtvolte in der Dressur bis zur Klasse A aus.

zu ändern. Das Pferd wird gerade gestellt, der Reiter wirkt beidseitig gleichmäßig ein. Der Übergang zurück auf den Hufschlag sollte ebenfalls fließend und gleichmäßig erfolgen. In dieser flachen Wendung wirkt der Reiter nun in abgeschwächter Form entgegengesetzt zu den Hilfen im ersten Teil der Figur ein.

5.17. Aus der Ecke kehrt

So sieht die Figur aus:
Beim Aus-der-Ecke-Kehrt wird eine -> Kehrtvolte aus der zweiten Ecke einer langen Seite heraus angelegt.
Derzeit wird diese Hufschlagfigur in Dressuraufgaben der Klassen E und A nicht gefordert.

Dazu dient die Figur:
Ebenso wie die -> Kehrtvolte verbindet diese Hufschlagfigur die Anforderungen einer -> Volte mit einem Handwechsel.

So wird die Figur geritten:
Die Ecken der -> ganzen Bahn werden stets als Viertelvolten angelegt. Nun wird dieser Bogen weitergeführt, bis eine halbe Volte vollendet wurde. Am Scheitelpunkt verlässt der Reiter den Kreisbogen und reitet auf einer geraden Linie schräg zurück zum Hufschlag, den er am Punkt E oder B erreicht. Er befindet sich nun auf der anderen Hand.

Häufige Fehler:
Hier treten die gleichen Schwierigkeiten wie bei der Volte und Kehrtvolte auf. Der Zielpunkt ist mit dem Halbe-Bahn-Punkt deutlich markiert. Der Scheitelpunkt der Figur liegt auf der Mittellinie. Von dort aus richtet der Reiter seinen Blick auf seinen Zielpunkt und achtet darauf, ohne

und birgt naturgemäß die gleichen Schwierigkeiten. Im zweiten Teil wird das Pferd aus dem Kreisbogen heraus auf einer geraden Linie zum Hufschlag geführt. Diese Linie darf nicht zu steil sein. Hier kommt es darauf an, dass der Übergang vom Kreisbogen auf die Gerade flüssig erfolgt und das Pferd ohne Schwankungen geradeaus geritten wird, ohne dabei seinen Takt

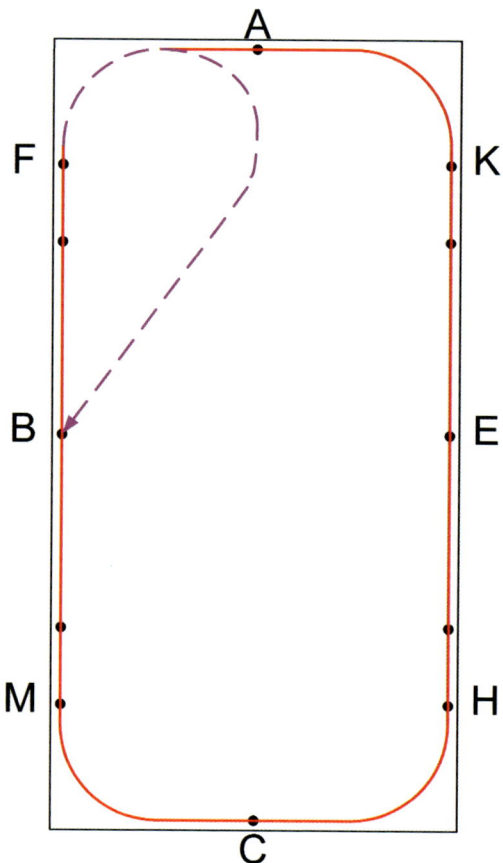

Aus der Ecke kehrt entspricht einer Kehrtvolte in der Ecke.

5.18. Schenkelweichen

So sieht die Lektion aus:

Das Schenkelweichen ist eine Vorwärts-Seitwärts-Bewegung, bei der das Pferd die Beine kreuzt. Dabei wird das Pferd seitlich entgegen der Bewegungsrichtung gestellt, aber es wird keine Biegung verlangt.

Dazu dient die Lektion:

Das Schenkelweichen verdeutlicht dem Pferd die Bedeutung der seitlich einwirkenden Hilfen. Auf diese Weise hilft die Lektion dabei, die Kommunikation zwischen Reiter und Pferd zu verfeinern. Zugleich hat das Schenkelweichen auch eine gymnastizierende Funktion.

So wird die Lektion geritten:

Schenkelweichen kann auf unterschiedlichen Linien angelegt werden. Häufig wird es entlang der langen Seite der -> ganzen Bahn geritten. Soll das Pferd dem äußeren Schenkel weichen, wird es nach außen gestellt. Der außen liegende Schenkel treibt das Pferd vorwärts-seitwärts, so dass die Hinterhand des Pferdes in die Bahn gedreht wird. Dabei liegt der vorwärts-seitswärts treibende Schenkel etwas weiter hinten als der normale treibende Schenkel, also etwas hinter dem Gurt. Diese Bewegung wird durch den verwahrenden Schenkel auf der Innenseite der Bahn aufgefangen. Der Reiter belastet vermehrt den gemäß der Stellung des Pferdes inneren Gesäßknochen. Damit genügend Vorwärts in der Bewegung erhalten bleibt, sollte das Pferd mit seinem Körper nicht mehr als 45 ° vom Hufschlag abgestellt werden (ein halber rechter Winkel).

Auch an der offenen Seite des -> Zirkels kann Schenkelweichen geritten werden.

Schwankungen oder Bögen auf einer geraden Linie zum Hufschlag zurückzukehren. Dazu wird die Stellung aufgegeben, der Reiter sitzt gleichmäßig auf beiden Gesäßknochen, der vorher zurückgenommene äußere Schenkel liegt nun ebenfalls treibend am Gurt.

Schenkelweichen kann auch an der offenen Zirkelseite geritten werden.

Häufige Fehler:

Wenn die Hinterhand zu sehr herumgenommen wird, wird aus der Vorwärts-Seitwärts-Bewegung schnell ein reiner Krebsgang. Dem Vorwärts kommt hier große Bedeutung zu. Der Reiter muss daher das Seitwärts rechtzeitig mit dem verwahrenden Schenkel abfangen und selber auch vorwärts denken – nur dann wird er auch vorwärts reiten. In diesem Zusammenhang ist darauf zu achten, dass die Stellung des Pferdes nicht übertrieben wird: Wird eine zu starke Stellung verlangt, muss das Pferd mit der Hinterhand folgen und dreht sich entsprechend weiter in die Bahn.

Allerdings gibt es auch Pferde, die sich problemlos und auch sehr deutlich stellen lassen, dabei aber den seitwärts treibenden Schenkel ignorieren und über die äußere Schulter weiter geradeaus laufen. Hier kann der in Bezug auf die Stellung äußere Zügel Abhilfe schaffen, indem er die Stellung und damit auch die äußere Schulter des Pferdes begrenzt. Es gilt: Der äußere Zügel führt. Gerade beim Schenkelweichen kommt es häufig vor, dass Reiter in der Hüfte einknicken und so den falschen Gesäßknochen belasten. Der Oberkörper bleibt aufrecht mit beiden Schultern auf der gleichen Höhe.

5.19. Viereck verkleinern und vergrößern

So sieht die Figur aus:

Beim Viereck-Verkleinern-und-Vergrößern wird das Pferd im -> Schenkelweichen auf einer schrägen Linie vom Wechselpunkt aus 5 Meter in die Bahn hineingeführt. Auf Höhe des Halbe-Bahn-Punktes wird einige Schritte geradeaus geritten und das Pferd anschließend in der Gegenrichtung im Schenkelweichen zurück zum Hufschlag geführt, der am Wechselpunkt erreicht wird.

Das Viereck-Verkleinern-und-Vergrößern wird im Schritt oder Trab ausgeführt. Dabei kann die Figur auch getrennt geritten werden, d.h. es wird entweder auf die Viertellinie abgewendet und von dort aus das Viereck wieder vergrößert oder ab dem Halbe-Bahn-Punkt E oder B das Viereck verkleinert und bis zur kurzen Seite weitergeritten.

Dazu dient die Figur:

Bei diesem Vorwärts-Seitwärts auf einer freien Linie kommt es auf die Feinabstimmung in der Hilfengebung an. So dient diese Lektion einerseits der Kontrolle der Einwirkung des Reiters und der Durchlässigkeit des Pferdes, andererseits auch der Gymnastizierung.

So wird die Figur geritten:

Nach dem Durchreiten der Ecke wird das Pferd leicht nach außen gestellt, ab dem Wechselpunkt mit der Vorhand in die Bahn geführt und mit dem außen befindlichen Schenkel in einem 45°-Winkel vorwärts-seitwärts auf eine Linie getrieben, die in etwa der Linienführung der -> einfachen Schlangenlinie entspricht. Befinden sich Reiter und Pferd auf der rechten Hand, begrenzt der rechte Zügel die Linksstellung des Pferdes und führt in der Bewegung. Der linke Schenkel liegt etwas hinter dem Gurt und treibt das Pferd

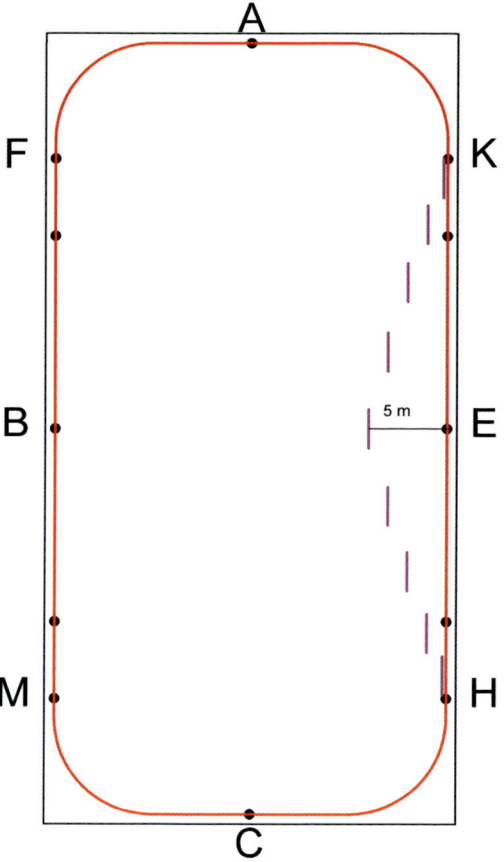

Das Pferd wird im Schenkelweichen in die Bahn und wieder zurück zum Hufschlag geführt.

vorwärts-seitwärts, während der rechte Schenkel ebenfalls hinter dem Gurt liegend die Seitwärts-Bewegung abfängt und darüber hinaus das Vorwärts erhält. Kurz vor der Höhe des Halbe-Bahn-Punktes befinden sich Pferd und Reiter um 5 Meter nach innen versetzt in der Bahn. Nun wird das Pferd für einige Schritte geradeaus geritten, ehe es nach rechts gestellt und entgegengesetzt zum ersten Teil der Figur vorwärts-seitwärts zum Hufschlag zurückgeritten wird.

Viereck verkleinern: Zunächst wird das Pferd im Schenkelweichen in die Bahn geführt. Der Blick der Reiterin geht zum Scheitelpunkt der Figur auf Höhe der halben Bahn.

Viereck vergrößern: Auf Höhe der halben Bahn geht es eine Pferdelänge geradeaus. Anschließend wird das Pferd erneut gestellt. Schon jetzt hat die Reiterin ihren Zielpunkt im Auge.

Häufige Fehler:

Wenn das Vorwärts vernachlässigt wird, erreichen Reiter und Pferd die Höhe des Halbe-Bahn-Punktes zu weit vom Hufschlag entfernt. Wird andererseits das Seitwärts nicht genug forciert, wird das Pferd nicht wie gewünscht die Beine kreuzen. Es kommt auf die Feinabstimmung an. Grundsätzlich überwiegt jedoch immer und unbedingt die Vorwärtsbewegung.

Damit der Reiter die korrekte Linie trifft, ist es wichtig, dass sein Blick von Anfang an auf den jeweiligen Zielpunkt gerichtet ist: zu Beginn auf einen Punkt 5 Meter nach innen versetzt auf Höhe der -> halben Bahn, später auf den Wechselpunkt. Der Reiter schaut also ganz bewusst in eine andere Richtung als das Pferd. Voraussetzung für die korrekte Einwirkung ist ein unabhängiger, gut ausbalancierter Sitz des Reiters. Vor allem ein Einknicken in der Hüfte muss vermieden werden. Im Trab ist vor allem darauf zu achten, dass der Takt und das Gleichmaß der Gangart beibehalten werden, ohne dass das Pferd sich heraushebt und die Anlehnung verloren geht.

5.20. Vorhandwendung

So sieht die Lektion aus:
Bei der Vorhandwendung wird das Pferd aus dem Stand heraus um 180° um die Vorhand herum gedreht. Die Wendung kann in beide Richtungen ausgeführt werden.

Dazu dient die Lektion:
Mit der Vorhandwendung ist ein Handwechsel verbunden. Dieser kann auf engem Raum ausgeführt werden, was in unwegsamem Gelände durchaus praktischen Nutzen haben kann. Darüber hinaus fordert die Vorhandwendung eine korrekte Abstimmung der Reiterhilfen, sensibilisiert das Pferd für die seitwärts wirkenden Schenkel- und Gewichtshilfen und wirkt gymnastizierend.

So wird die Lektion geritten:
Vor der Vorhandwendung wird eine -> ganze Parade geritten. Aus dem Halten heraus wird das Pferd gestellt. Der Reiter belastet vermehrt den entsprechend der Stellung inneren Gesäßknochen. Der innere Schenkel liegt etwas hinter dem Gurt und wirkt vorwärts-seitwärts, so dass die Hinterhand herumtritt, während der äußere Schenkel verwahrend hinter dem Gurt liegt und die seitlichen Tritte des Pferdes abfängt. Die Vorderbeine des Pferdes beschreiben in der Wendung einen kleinen Kreis, während das innere Hinterbein vor dem äußeren Hinterbein kreuzt.

Der Außenzügel verhindert eine zu starke Abstellung und so auch ein Ausbrechen über die Schulter.

Viereck vergrößern: Nun geht es im Schenkelweichen zurück zum Hufschlag. Der Blick der Reiterin geht zum Wechselpunkt.

Vor der Wendung
steht das Halten.
In der Vorhandwendung
kreuzt das innere vor dem
äußeren Hinterbein.

Ganze Parade 1: Der Reiter nimmt sein Pferd im Trab vermehrt auf.

Häufige Fehler:

Zwar soll der Drehpunkt der Wendung möglichst dicht am inneren Vorderbein des Pferdes liegen, doch darf dieses sich nicht unbeweglich in den Boden schrauben. Das geschieht häufig, wenn das Pferd die Wendung zu eilig absolviert. Daher werden die Tritte einzeln durch den verwahrenden Außenschenkel abgefangen und ebenso einzeln herausgeritten. Sowohl ein Vorwärts- als auch ein Rückwärtstreten des Pferdes in der Wendung ist unerwünscht, da sich das Pferd dadurch den Hilfen des Reiters entzieht. Gegen das Rückwärts des Pferdes steht das Vorwärts-Reiten des Reiters, das auch in dieser Wendung mitgedacht und in der Tendenz umgesetzt werden muss. Bricht das Pferd nach vorne aus, fehlt es grundsätzlich an Durchlässigkeit. Häufig ist eine zu starke Handeinwirkung bei mangelhaftem Einsatz der treibenden Hilfen die Ursache.

Ganze Parade 2: Deutlich erkennbar senkt sich die Hinterhand und nimmt Gewicht auf.

5.21. Ganze Parade

So sieht die Lektion aus:

Die ganze Parade bringt das Pferd aus jeder Gangart zum Halten. Sie wird in allen Dressurprüfungen schon für die Grußaufstellung zu Beginn gefordert.

Dazu dient die Lektion:

Natürlich hat es einen ganz praktischen Nutzen, das Pferd jederzeit anhalten zu können. Darüber hinaus dient die ganze Parade als versammelnde Lektion: Das Pferd nimmt das Gewicht vermehrt mit der Hinterhand auf. Dies wirkt kräftigend. Die ganze Parade ist ein Prüfstein für die Durchlässigkeit des Pferdes.

So wird die Lektion geritten:

Ganze Paraden werden stets auf geraden Linien geritten. Bei der ganzen Parade wird das Pferd mit Gewichts- und Schenkelhilfen an die durch-

73

Ganze Parade 3: Am Punkt kommt das Pferd geschlossen zum Halten.

haltende Zügelhilfe herangetrieben. Der Reiter nimmt sein Pferd vermehrt auf und bereitet es mit halben Paraden auf die Lektion vor. Er sitzt aufrecht und gleichmäßig auf beiden Gesäßknochen im Sattel. Beide Schenkel wirken gleichmäßig treibend. Die Zügelhand bleibt stehen, während das Pferd an das Gebiss herangetrieben wird. Nach einer gelungenen ganzen Parade steht das Pferd geschlossen und gleichmäßig auf allen vier Beinen.

Häufige Fehler:

Der häufigste Reiterfehler besteht in einer übermäßigen Zügeleinwirkung. Wird das Pferd lediglich von vorne gebremst, tritt es nicht von hinten an das Gebiss heran, nimmt das Gewicht nicht mit der Hinterhand auf und kommt nicht geschlossen zum Stehen, sondern es fällt auseinander, reagiert mit Gegendruck auf den Zug am Zügel und fällt auf die Vorhand. Die treibenden Hilfen haben – so paradox es auf den ersten Blick

Beim Rückwärtsrichten tritt das Pferd mit den diagonalen Beinpaaren zurück.

erscheinen mag – die weitaus größte Bedeutung bei der ganzen Parade. Ein gut gerittenes Pferd lässt sich mit minimaler Handeinwirkung allein durch den entsprechenden Einsatz der Gewichts- und Schenkelhilfen anhalten.

Oft bereitet es Schwierigkeiten, den vorgegebenen Bahnpunkt für die ganze Parade exakt zu treffen. Einerseits benötigt der Reiter Erfahrung, um die Lektion rechtzeitig vorzubereiten und durchzuführen. Andererseits kommt es immer wieder vor, dass Pferde erst mit einigen Schritten oder Tritten Verzögerung reagieren. In diesem Fall muss grundsätzlich an der Aufmerksamkeit, dem Gehorsam und der Durchlässigkeit des Pferdes gearbeitet werden, und das geht am besten durch Üben.

5.22. Rückwärtsrichten

So sieht die Lektion aus:

Beim Rückwärtsrichten tritt das Pferd aus dem Stand mit den diagonalen Beinpaaren auf einer geraden Linie rückwärts. Gefordert wird meistens eine Distanz von einer Pferdelänge, das entspricht ca. dreieinhalb Tritten. Der letzte Tritt ist ein halber, damit das Pferd erneut geschlossen zum Stehen kommt.

Dazu dient die Lektion:

Das Rückwärtsrichten dient einerseits der Überprüfung von Gehorsam und Durchlässigkeit des Pferdes, andererseits wirkt es auch bereits als versammelnde Lektion.

So wird die Lektion geritten:

Aus dem korrekten Halten heraus legt der Reiter seine Schenkel leicht zurück hinter den Gurt. Von dort aus treibt er gegen die durchhaltende Zügelhilfe, die dem Pferd den Weg nach vorne nicht öffnet. Wenn das Pferd rückwärts tritt, wird die Zügelhilfe leichter. Jeder Rückwärts-Tritt wird einzeln herausgeritten. Zum Beenden der Lektion legt der Reiter die Schenkel wieder vorwärts treibend an den Gurt.

Häufige Fehler:

Wenn das Pferd auf die Hilfen des Reiters nicht reagiert, kann dies einerseits an grundsätzlich mangelnder Durchlässigkeit liegen, andererseits aber auch darauf hindeuten, dass das Pferd nicht versteht, was von ihm erwartet wird. Hier fehlt es noch an der nötigen Ausbildung und Gymnastizierung. Der Entlastungssitz kann dazu beitragen, dem Pferd den Weg nach hinten zu öffnen.

Eilt das Pferd hastig rückwärts, entzieht es sich durch scheinbaren Gehorsam den Hilfen des Reiters. Daher wird jeder Tritt einzeln abgerufen und entsprechend aufgefangen. Der Reiter muss darauf achten, auch beim Rückwärtsrichten das Pferd vor sich an den treibenden Hilfen zu behal-

ten. Selbst beim Rückwärts-Reiten muss der Reiter vorwärts denken!

5.23. Der einfache Galoppwechsel

So sieht die Lektion aus:

Beim einfachen Galoppwechsel wechselt das Pferd über eine Pferdelänge Schritt vom Rechts- in den Linksgalopp und umgekehrt. Bis zum Niveau der Klasse A ist mit dem einfachen Galoppwechsel auch ein Handwechsel verbunden, da Außengalopp erst ab der Klasse L verlangt wird.

Derzeit wird der einfache Galoppwechsel in Dressuraufgaben der Klassen E und A nicht gefordert. In Klasse A wird auf **-Niveau der Gangartenwechsel vom Galopp zum Schritt und wieder zurück gefordert, doch ist hier eine etwas längere Schrittphase vorgesehen.

Dazu dient die Lektion:

Der einfache Galoppwechsel führt primär – wie der Name schon sagt – zu einem Wechsel des Galopps. Darüber hinaus dient er der Kräftigung der Hinterhand und wirkt versammelnd. Er fordert eine korrekte Abstimmung der Hilfengebung des Reiters und dient als Prüfstein für die Durchlässigkeit des Pferdes.

So wird die Lektion geritten:

Aus dem -> Arbeitsgalopp, später je nachdem auch aus dem versammelten Galopp heraus pariert der Reiter durch zum Schritt. Dazu nimmt er das Pferd zunächst vermehrt auf und bereitet es so auf die Lektion vor, ehe er es zum Durchparieren an die durchhaltende Zügelhilfe herantreibt. Nach einer Pferdelänge Schritt wird das Pferd auf der anderen Hand angaloppiert. Auch hier wird das Pferd mit halben Paraden vorbereitet, ehe der Reiter die Hilfen zum Angaloppieren (siehe Kapitel 4, S. 34f) gibt.

Häufige Fehler:
Korrekt gerittene Gangarten sind die Voraussetzung für gelungene Übergänge.

Trabtritte im Übergang zwischen Galopp und Schritt bzw. Schritt und Galopp sind ein Zeichen dafür, dass das Pferd nicht durchlässig genug ist bzw. die Reiterhilfen unklar sind. Hier ist vor allem die Vorbereitung wichtig. Wird das Pferd mit dem Übergang überfallen, reagiert es entsprechend hastig und unkoordiniert.

Die kurze Schrittphase der Lektion stellt bei eifrigen oder auch nervösen Pferden häufig ein Problem dar. Wenn ein solches Pferd die Lektion kennt, fiebert es auf das nächste Angaloppieren hin und zeigt nicht, wie gewünscht, einen ruhigen, gleichmäßigen und fleißigen Schritt, sondern zackelt, wird kurz und verspannt sich. Hier spielt nicht nur die körperliche, sondern vor allem die mentale Losgelassenheit des Pferdes eine wichtige Rolle. Keinesfalls darf die Lektion aufgrund der Problematik zu häufig geübt werden, da das Problem sich dadurch noch verschärfen kann. Hilfreicher sind einfache Übergänge aus dem Galopp zum Schritt mit anschließender langer und entspannter Schrittphase. Der einfache Galoppwechsel sollte hier möglichst unspektakulär und scheinbar nebensächlich in die Arbeit eingebaut werden.

5.24. Zügel aus der Hand kauen lassen

So sieht die Lektion aus:
Beim Zügel-aus-der-Hand-kauen-Lassen verlängert der Reiter das Zügelmaß bis hin zum langen Zügel. Auch am langen Zügel bleibt die Anleh-

nung bestehen. Dabei dehnt sich das Pferd entsprechend vorwärts-abwärts in die Hand hinein, bis das Maul auf Höhe des Buggelenks, eventuell auch etwas tiefer ist. Wie der Name schon sagt, sollte das Pferd dabei leicht auf dem Gebiss kauen. Ein Aufrollen des Pferdehalses ist unerwünscht, die Nasenlinie sollte leicht vor der Senkrechten bleiben.

Dazu dient die Lektion:
Diese Übung dient als lösende Lektion, indem sie aktiv die Dehnungshaltung, Entspannung und Losgelassenheit des Pferdes fordert und fördert. Verspannungen und fehlerhafte Reiterhilfen etwa durch zu starke Handeinwirkung treten hier klar zu Tage.

So wird die Lektion geritten:
Der Reiter kann in jeder Gangart die Zügel aus der Hand kauen lassen. Während die übrigen Hilfen beibehalten werden, gleiten die Zügel gleichmäßig und sanft bis zum gewünschten Maß durch die Hand des Reiters. Der Takt der Gangart bleibt erhalten.

Häufige Fehler:
Nur das korrekt an den treibenden Hilfen stehende Pferd wird diese Lektion wie gewünscht ausführen. Wenn das Pferd sich ruckartig den Zügel nimmt, davoneilt, den Kopf hoch trägt, sich aufrollt oder im Rücken fest macht, ist das ein deutliches Signal für den Reiter, dass seine bisherige Hilfengebung nicht korrekt war und sein Pferd nicht losgelassen ist. Häufigste Ursache ist eine zu starke Handeinwirkung, mit der das Pferd zwar am kurzen Zügel schablonenhaft in die gewünschte Haltung gepresst werden kann, die jedoch den Rücken des Pferdes blockiert und keine echte Durchlässigkeit und Losgelassenheit zulässt.

Zügel aus der Hand kauen lassen: Das Pferd dehnt sich vorwärts-abwärts.

5.25. Überstreichen

So sieht die Lektion aus:

Beim Überstreichen führt der Reiter beide Hände entlang des Mähnenkammes etwa zwei Hand-breit nach vorne. Nach ca. zwei bis drei Pfer-delängen wird die normale Position wieder ein-genommen. Damit einher geht eine leichte Rahmenerweiterung des Pferdes, das ansonsten seine Haltung, Takt und Gangart beibehält. In Wendungen kann auch einseitig mit dem inne-ren Zügel nachgegeben werden

Dazu dient die Lektion:

Das Überstreichen hat eine Kontrollfunktion. Einerseits zeigt sich hier, ob das Pferd auf dem Zügel liegt oder wie gewünscht in Selbsthaltung geht, andererseits zeigt sich, ob der Reiter wirklich zügelunabhängig sitzt. Darüber hinaus hat das Überstreichen auch eine lösende Komponente.

Beim Überstreichen werden die Hände nach vorne geführt, so dass die Zügel durchhängen.

So wird die Lektion geritten:

Der Reiter bleibt aufrecht sitzen und behält grundsätzlich seine Hilfengebung bei. Die Hände werden nicht ruckartig, sondern sanft aus dem ganzen Arm heraus nach vorne und wieder zurückgeführt. Überstreichen kann der Reiter in jeder Gangart. Er behält das Pferd während der Übung vor sich an den treibenden Hilfen.

Häufige Fehler:

Ähnlich wie beim -> Zügel-aus-der-Hand-kauen-Lassen zeigt sich auch beim Überstreichen, ob der Reiter das Pferd zu stark mit der Hand reitet. Da die Hand hier deutlich nachgibt, wird das Pferd sich entsprechend freimachen, sofern es nicht korrekt mit Gewicht und Schenkel geritten wird. Die Korrektur liegt nicht in der Lektion selbst, sondern in der täglichen Grundlagenarbeit.

6

In der Abteilung

6. In der Abteilung

Das Abteilungsreiten entstammt der militärischen Tradition. Eine Abteilung wird von mehreren Reitern gebildet, die mit regelmäßigen Abständen hintereinander her reiten. Der Standard-Abstand beträgt eine Pferdelänge.

Eine Pferdelänge

Eine Pferdelänge ist eine in der Reitersprache gebräuchliche Längenangabe. Als Hilfe für den Reiter in der Abteilung gilt: Wenn er durch die Ohren seines in korrekter Haltung gehenden Pferdes die Hinterhufe des Vorderpferdes sehen kann, entspricht der Abstand etwa einer Pferdelänge. Bei sehr kleinen und sehr großen Pferden in einer Abteilung ist dies natürlich nur bedingt anzuwenden.

Im modernen Reitsport hat die Abteilung viel von ihrer früheren Bedeutung verloren. Dennoch spielt sie nach wie vor eine Rolle.

Einerseits findet man Abteilungsreiten häufig im Anfängerunterricht. Auf einem erfahrenen Schulpferd fällt es dem Anfänger in der Abteilung leichter, sich zurechtzufinden, da das Pferd weiß, was von ihm erwartet wird, und normalerweise brav dem Vorderpferd folgt. So kann der Reiteinsteiger sich zunächst hauptsächlich auf seinen Sitz konzentrieren, ohne bereits wirklich selbstständig die Linienführung zu verfolgen. In diesem Fall steht die Grundausbildung des Reiters im Vordergrund. Fortgeschrittene Reiter werden eher selten in der Abteilung unterrichtet.

Anders sieht es aus, wenn in der Abteilung geritten wird, um eine geschlossene Formation zu präsentieren. Diese Form des Abteilungsreitens stellt hohe Ansprüche an Reiter und Pferd. So wird ein einheitliches Tempo vorgegeben, dass von jedem Pferd gleichermaßen gehalten werden muss, unabhängig von seinem individuellen Grundtempo, seiner Größe und Schrittlänge oder auch seinem Temperament. Hufschlagfiguren müssen unbedingt exakt ausgeführt werden, Abstände dürfen nicht schwanken. Damit wird das Abteilungsreiten zur Herausforderung.

Auf dem Turnier dienen Abteilungen unter anderem dazu, mehrere Reiter gleichzeitig im Viereck beurteilen zu können. In Dressurprüfungen kommt das Abteilungsreiten von der Klasse E bis hin zur Klasse L vor.

6.1. Die Abteilung auf dem Turnier

In Dressurprüfungen der Klassen E und A werden bei einigen Aufgaben Abteilungen aus zwei bis vier Reitern gebildet. Auch Reiter-Wettbewerbe werden in der Abteilung durchgeführt.
In Dressurprüfungen ist zu unterscheiden, ob einzelne Reiter sich innerhalb einer Abteilung der Wertung der Richter stellen oder ob eine Mannschaft als geschlossene Abteilung präsentiert wird. Normalerweise findet sich der einzelne Wettbewerber in einer zufällig zusammengestellten Abteilung wieder. Mannschaftsprüfungen werden im Vorfeld als solche ausgeschrieben.

oben: *In der Abteilung ist das Einhalten der Abstände sehr wichtig. Den meisten Reitern gelingt dies erst nach einigem Üben.* unten: *»Abteilung rechts um – Marsch«*

Während in der geschlossenen Abteilung der Erhalt der Formation stets Vorrang hat, gilt dies nicht in der Einzel-Prüfung. Konkret bedeutet das: Wenn der Vordermann sich verreitet, folgt ihm der Reiter nicht, sondern wendet auf die korrekte Linienführung ab. Andernfalls drohen Punktabzüge wegen Verreitens.

6.2. Hufschlagfiguren in der Abteilung

Für die Abteilung werden die Kommandos mit einem »Marsch« versehen. So heißt es zum Beispiel »Abteilung Volte – Marsch«. Dadurch können sich die Reiter zunächst auf die kommende Aufgabe vorbereiten, um dann auf »Marsch« zugleich abzuwenden.

Dem Anfangsreiter kommt in der Abteilung eine besondere Bedeutung zu. Die Spitze der Abteilung wird Tete genannt (französisch: tête = Kopf). Der Tetenreiter übernimmt in der geschlossenen Abteilung die Verantwortung für Tempo und Linienführung. Achtung: Bei einer -> Kehrtvolte kommt es durch den Handwechsel auch zu einem Tetenwechsel, der vorher letzte Reiter übernimmt nun die Spitze.
Wird ein Kommando mit dem Wort »Anfang« eingeleitet, bedeutet dies, dass alle Reiter dem Tetenreiter folgen. Heißt es also »Anfang Links um – Marsch«, wendet der Tetenreiter bei »Marsch« links ab. Die Abteilung folgt dieser Linie.
Anders sieht es aus, wenn das Kommando »Abteilung links um – Marsch« lautet. In diesem Fall wenden alle Reiter zugleich links ab und reiten nun nebeneinander. Falls von der langen Seite aus abgewendet wird, reiten alle parallel

Reiter-Wettbewerbe werden in der Abteilung durchgeführt.

zur kurzen Seite quer durch die Bahn. Beim Erreichen der gegenüberliegenden langen Seite kann das Kommando nun lauten »Abteilung rechts um – Marsch«; in diesem Fall wurde ein Handwechsel durchgeführt, der Tetenreiter bleibt derselbe. Heißt es hingegen bei Erreichen des Hufschlags erneut »Abteilung links um – Marsch«, wurde zwar die Hand beibehalten, doch die Tete hat gewechselt.

Besonders wichtig für die Grußaufstellung zu Beginn und am Ende einer Dressurprüfung ist das Aufmarschieren. Zunächst wird auf dem Hufschlag der rechten Hand eine Abteilung gebildet. Bei Erreichen der kurzen Seite gegenüber den Richtern folgt das Kommando »Anfang rechts dreht, links marschiert auf – Marsch«.

Auf »Marsch« wendet der erste Reiter im rechten Winkel ab und reitet gerade auf die gegenüberliegende kurze Seite zu. Auf das Kommando »Anfang – Halt« pariert er durch zum Halten.

Der zweite Reiter reitet etwa eine Pferdelänge auf dem Hufschlag weiter, ehe er abwendet, und hält anschließend mit dem entsprechenden Abstand neben dem Tetenreiter an. So geht es weiter, bis der letzte Reiter zum Stehen kommt.

Nun sollten alle Reiter auf einer geraden Linie mit gleichmäßigen Abständen nebeneinander aufmarschiert sein.

Dieses Kommando kann auch von der linken Hand aus gegeben werden (»Anfang links dreht, rechts marschiert auf – Marsch«). Derzeit wird es nur wie oben beschrieben auf dem Turnier verlangt.

Zum Anreiten ertönt das Kommando »Abteilung zu einem Rechts-brecht-Ab – Marsch« oder auch »Abteilung zu einem Rechts-brecht-Ab im Arbeitstempo – Trab«. Daraufhin setzt sich der Tetenreiter im Schritt oder Trab in Bewegung, reitet geradeaus bis zum Hufschlag und wendet dort wieder auf die rechte Hand ab. Die folgenden Reiter setzen sich in Bewegung, wenn der Vorreiter eine Pferdelänge weit geritten ist, wenn also der Schweif des Vorderpferdes auf Kopfhöhe des eigenen Pferdes ist. Dadurch erreichen die Reiter den Hufschlag mit korrekten Abständen nacheinander.

In Reiter-Wettbewerben spielt dieses Kommando ebenfalls eine Rolle. Hier wird häufig auch von der langen Seite her aufmarschiert. Dabei wird die Figur auf die gleiche Weise geritten.

7

Das Turnier

7. Das Turnier

Im Turniersport gibt es Richtlinien und festgelegte Aufgaben für alle Wettbewerbe und Prüfungen. Zu finden sind diese im «Aufgabenheft Reiten» der Deutschen Reiterlichen Vereinigung (FN). Dieses entspricht den Vorgaben der LPO, der Leistungsprüfungsordnung der FN. Prüfungen der Klasse E können allerdings auch im Rahmen der WBO, der Wettbewerbsordnung für den Breitensport, durchgeführt werden. Sowohl die LPO als auch die WBO und entsprechend das Aufgabenheft Reiten sind keine Dokumente für die Ewigkeit, sondern werden regelmäßig überarbeitet und aktualisiert. Wer Turniere reiten möchte, sollte hier stets auf dem neuesten Stand sein.

Voraussetzung für die Teilnahme an einem Turnier unter dem Dach der FN ist die Mitgliedschaft in einem angeschlossenen Reitverein. Für die Teilnahme an Prüfungen innerhalb der WBO muss der Reiter sich rechtzeitig anmelden, das Nenngeld bezahlen und für sein Pferd einen Equidenpass mit dem Beleg für ausreichenden Impfschutz vorlegen. Für die Teilnahme an Prüfungen innerhalb der LPO braucht der Reiter darüber hinaus einen gültigen Reitausweis, und das Pferd muss aktuell in der Liste der Turnierpferde der FN eingetragen sein.

Unverzichtbar für Turnierreiter ist das Internet-Portal «Nennung Online» der FN unter www.fn-neon.de.

7.1. Anforderungen im Turniersport bis hin zur Klasse A

Einfacher als Dressur-, Spring- und Geländeprüfungen sind die Reiter-Wettbewerbe im Rahmen der WBO. Diese werden unterschieden in den Longenreiter-Wettbewerb, den Reiter-Wettbewerb, den Dressurreiter-Wettbewerb, den Springreiter-Wettbewerb und den Geländereiter-Wettbewerb. Für die jüngsten Turnierteilnehmer gibt es zudem den Führzügelklassen-Wettbewerb.

Während die Führzügelklasse und der Longenreiter-Wettbewerb vor allem dazu dienen, den Sitz und das Gleichgewicht des Reiters sowie den möglichst harmonischen Gesamteindruck zu bewerten, werden in den weiterführenden Reiter-Wettbewerben Hilfengebung und Einwirkung des Reiters bereits in stärkerem Maße beurteilt.

Anforderungen im Führzügelklassen-Wettbewerb:

In der Führzügelklasse wird das Pferd von einem Betreuer geführt. Beurteilt wird sowohl der Sitz des Kindes als auch der Gesamteindruck und die Optik. Geführt bzw. geritten wird nach Weisung durch die Richter, dabei kann Leichttraben verlangt werden.

Anforderungen im Longenreiter-Wettbewerb:

Der Reiter absolviert an der Longe verschiedene Übungen und alle drei Grundgangarten nach Weisung der Richter. Beurteilt wird vor allem der Sitz, aber auch der Gesamteindruck von Reiter und Pferd.

Anforderungen im Reiter-Wettbewerb:

Im Reiter-Wettbewerb wird in der Abteilung nach Weisung der Richter geritten. Die Anforderungen sollten dabei unterhalb denen der Klasse E bleiben. Sowohl das Reiten ohne Steigbügel (Bügel

In der Führzügelklasse wird sowohl der Sitz des Kindes als auch der Gesamteindruck und die Optik beurteilt.

Im Reiter-Wettbewerb kann auch der leichte Sitz des Reiters überprüft werden.

Im Springreiter-Wettbwerb werden niedrige Hindernisse überwunden.

überschlagen) als auch der leichte Sitz sind Bestandteil dieser Prüfung. Je nach Ausschreibung können auch Sprünge über einzelne kleine Hindernisse (bis 50 cm Höhe) verlangt werden.

Anforderungen im Dressurreiter-Wettbewerb:

Im Dressurreiter-Wettbewerb wird ebenfalls nach Weisung der Richter geritten. Verlangt werden Hufschlagfiguren der Klasse E und die drei Grundgangarten, entweder in der Abteilung oder auch einzeln. Beurteilt werden Sitz, Hilfengebung und Einwirkung des Reiters, korrekte Hufschlagfiguren und der Gesamteindruck.

Anforderungen im Springreiter-Wettbewerb:

Beim Springreiter-Wettbewerb spielen Hufschlagfiguren und Lektionen eine eher untergeordnete Rolle, sind aber nichtsdestotrotz auch hier unverzichtbar. Nach Weisung der Richter werden Hindernisfolgen gesprungen. Es wird

jedoch kein kompletter Parcours verlangt, sondern es werden auch Aufgaben wie Zirkellinien, Hand- oder Gangartwechsel gestellt, um die Einwirkung des Reiters zu überprüfen.

Anforderungen im Geländereiter-Wettbewerb:

Der Geländereiter-Wettbewerb wird hier nur der Vollständigkeit halber erwähnt. Er wird nicht im Viereck, sondern tatsächlich im Gelände ausgetragen, wo die Teilnehmer nach Weisung der Richter eine Geländestrecke mit festen Hindernissen absolvieren. Entsprechend spielen Hufschlagfiguren hier keine Rolle.

Anforderungen in Dressurprüfungen der Klasse E und A:

Die Anforderungen der Dressuraufgaben steigern sich von den Basisübungen der Klasse E (Eingangsstufe) über die Klassen A (Anfangsstufe), L (Leicht) und M (Mittelschwer) bis hin zu den schweren Prüfungen der Klasse S (Schwer).

Obwohl die Anforderungen der Klassen E und A noch weit von den Ansprüchen der schwereren Klassen entfernt sind, werden hier doch schon viele Hufschlagfiguren und Lektionen sowie generell die Grundlagen für eine erfolgreiche weiterführende Arbeit überprüft. Für die folgende Auflistung gilt, dass nicht in jeder Prüfung der Klasse E oder A alle genannten Figuren und Lektionen gefordert werden. Diese Liste enthält das gesamte Spektrum der Anforderungen der Klassen E und A. Dabei ist zu beachten, dass die Klasse A in *- und **-Prüfungen unterteilt wird. Aufgaben mit zwei Sternen verlangen Pferd und Reiter deutlich mehr ab und schlagen bereits den Bogen hin zur Klasse L.

Folgendes wird derzeit in Dressurprüfungen der Klasse E und Klasse A verlangt:

Im Falle einer in der Abteilung absolvierten Prüfung:

- Anfang rechts dreht, links marschiert auf – Marsch.
- Anfang Halt.
- Abteilung zu einem Rechts-brecht-Ab im Arbeitstempo – Trab.
- Anfang links um – Marsch.
- Anfang rechts um – Marsch.

Verlangte Tempi:

1. in Dressurprüfungen der Klasse E:
- Mittelschritt
- Arbeitstempo Trab
- Arbeitstempo Galopp

2. in Dressurprüfungen der Klasse A:
- Mittelschritt
- Arbeitstempo Trab

oben: Leichter Sitz in einer Springprüfung.

unten: Der Geländereiter-Wettbewerb findet außerhalb des Vierecks statt.

Im Gelände muss der Reiter sich schnell an veränderte Gegebenheiten anpassen können.

In der E-Dressur werden die Grundgangarten und einfache Übergänge abgefragt.

- Mitteltrab (**) bzw. Tritte verlängern (*)
- Arbeitstempo Galopp
- Mittelgalopp (**) bzw. Galoppsprünge verlängern (*)

Geforderte Hufschlagfiguren und Lektionen:

1. In Dressurprüfungen der Klasse E:

- Ganze Bahn
- Auf die Mittellinie abwenden
- Durch die Länge der Bahn wechseln
- Durch die ganze Bahn wechseln

- Durch die halbe Bahn wechseln
- Links um/Rechts um
- Auf dem Zirkel geritten
- Auf dem Mittelzirkel geritten
- Aus dem Zirkel wechseln
- Durch den Zirkel wechseln
- Schlangenlinie durch die Bahn, 3 Bögen
- Ganze Parade

2. In Dressurprüfungen der Klasse A:

- Ganze Bahn
- Durch die ganze Bahn wechseln

Hinschauen, wohin man reiten will – insbesondere beim Springen ist dies wichtig.

- Durch die halbe Bahn wechseln
- Auf die Mittellinie abwenden
- Links um / Rechts um
- Auf dem Zirkel geritten
- Auf dem Mittelzirkel geritten
- Aus dem Zirkel wechseln
- Durch den Zirkel wechseln
- Schlangenlinie durch die Bahn, 4 Bögen
- Einfache Schlangenlinie an der langen Seite
- Volte und halbe Volte (10 m)
- Volte, dabei überstreichen mit der inneren Hand

- Kehrtvolte (10 m)
- Auf die Viertellinie abwenden
- Zügel aus der Hand kauen lassen
- Überstreichen
- Eine Pferdelänge rückwärts richten (**)
- Eine Pferdelänge rückwärts richten, daraus im Arbeitstempo antraben" (**)
- Viereck verkleinern und vergrößern (im Trab nur bei **)
- Ganze Parade

Jede Dressur beginnt mit der Grußaufstellung. Die Reiterin schaut vorbildlich geradeaus zu den Richtern; das Pony jedoch ist noch nicht ganz bei der Sache.

Korrekt gerittene Hufschlagfiguren sind die Voraussetzung für den Erfolg im Dressurviereck.

7.2. Auf dem Turnier

Was im Training gut klappt, kann auf dem Turnier dennoch zum Problem werden. Die ungewohnte Umgebung verunsichert das Pferd, die normale Nervosität vor der Prüfung tut ein Übriges.

Kurz vor der Prüfung sollte der Reiter deshalb darauf achten, eine positive Grundstimmung bei sich und seinem Pferd zu erhalten. Dazu absolviert er auf dem Abreiteplatz vor allem die Figuren und Lektionen, die in jeder Lebenslage problemlos abrufbar sind. Das ermöglicht es ihm, sein Pferd zu loben und aktiv zu entspannen.

Auf vielen Abreiteplätzen ist es ausgesprochen eng, vor allem, wenn für mehrere Prüfungen gleichzeitig abgeritten ist. Besondere Vorsicht ist geboten, wenn Hindernisse auf dem Abreiteplatz stehen. Der Platz vor und hinter dem Sprung sollte stets frei bleiben. Vor dem Anreiten ruft der entsprechende Reiter »Sprung frei!« oder auch »Oxer/Steilsprung frei!«.

Gegenseitige Rücksichtnahme ist hier oberstes Gebot, damit jeder Reiter eine Chance hat, sein Pferd zu lösen und auf die Prüfung vorzubereiten. Aber: Was im Training nicht ehrlich erarbeitet wurde, wird auch auf dem Abreiteplatz nicht gelingen. Zu eingeschränkt sind die Bewegungsmöglichkeiten, zu kurz ist die Vorbereitungszeit.

In der Dressurprüfung ist es besonders wichtig, die Hufschlagfiguren exakt zu reiten. Allein durch die korrekte Linienführung kann der Reiter wichtige Pluspunkte sammeln.

Im Anschluss an die Prüfung dient das Protokoll der Richter dazu, den eigenen Eindruck mit dem der Richter zu vergleichen und seine Selbstein-schätzung zu kontrollieren. Ein wichtiger Aspekt des Turnierreitens ist die Überprüfung der Trainings-Arbeit mit dem Pferd. Das Prüfungs-protokoll kann wichtige Hinweise geben, woran der Reiter noch verstärkt arbeiten muss und wo seine Stärken liegen.

Britta Schön entstammt einer echten Pferdefamilie und saß bereits als Kleinkind selbstverständlich auf dem Pferderücken. Als Jugendliche arbeitete sie vermehrt mit den Jungpferden und -ponys aus der Familienzucht, und im Alter von zwanzig Jahren erwarb sie die Qualifikation als Reitwart FN.

Entsprechend tief verwurzelt ist die Liebe zu den Pferden. So ist es kein Wunder, dass auch der berufliche Weg nach einem Magisterstudiengang in Erziehungswissenschaft, Germanistik und Psychologie zurück zu den Vierbeinern führte: Nach dem Studienabschluss 1995 konzipierte Britta Schön die Jugendzeitschrift »Paddock – Wege zum Pferd«, die sie zwei Jahre lang redaktionell betreute. Von 1998 bis 2008 übernahm sie die Chefredaktion der Fachzeitschrift »Pferde heute«. Heute lebt Britta Schön mit vier eigenen Ponys in Rheinland-Pfalz und ist als freiberufliche Fachjournalistin tätig.

Unsere Erfolgsreihen auf einen Blick

Die Reitschule (Auswahl)

Urte Biallas, **Bodenarbeit**, ISBN 978-3-275-01708-9
Kerstin Diacont, **Horsemanship-Training**, ISBN 978-3-275-02058-4
Kerstin Diacont, Sonja Weber **Klassische Arbeit an der Hand**, ISBN 978-3-275-021⁄
Kerstin Diacont, **Seitengänge für feines Reiten**, ISBN 978-3-275-02137-6
Kerstin Diacont, **Richtig Schritt reiten**, ISBN 978-3-275-02225-0
Kerstin Diacont, **Den Trab richtig reiten**, ISBN 978-3-275-02241-0
Kerstin Diacont, **Den Galopp richtig reiten**, ISBN 978-3-275-02273-1
Monika Hannawacker, **Zirkuslektionen**, ISBN 978-3-275-01831-4
Monika Hannawacker, **Reiten mit Halsring und gebisslosen Zäumungen**, ISBN 978-3-275-02288-5
Andrea Lipp, **Arbeit am Langen Zügel für Einsteiger**, ISBN 978-3-275-02226-7
Britta Schön, **Fit für die A-Dressur**, ISBN 978-3-275-02059-1
Sabine Schweickert, **Fahren für Einsteiger**, ISBN 978-3-275-02169-7
Viviane Theby, **So lernen Pferde**, ISBN 978-3-275-02081-2
Sigrid Weppelmann/Sandra Mensmann, **Longieren**, ISBN 978-3-275-01727-0
Inga Wolframm, **7 Schritte zum angstfreien Reiten**, ISBN 978-3-275-02054-6

Die Hundeschule (Auswahl)

Annegret Bangert, **Begleithund-Prüfung**, ISBN 978-3-275-02179-6
Petra Krivy/Angelika Lanzerath, **Was ein Welpe lernen muss**, ISBN 978-3-275-02292-2
Petra Krivy/Angelika Lanzerath, **Hunde verstehen**, ISBN 978-3-275-02116-1
Petra Krivy/Angelika Lanzerath, **Einfach gut erzogen**, ISBN 978-3-275-02082-2
Petra Krivy/Angelika Lanzerath, **Mein Hund im Flegelalter**, ISBN 978-3-275-02115-4
Monika Schaal/Ursula Daugschieß-Thumm, **Lockere Leine**, ISBN 978-3-275-02161-1
Monika Schaal/Petra Rammelsberger, **Bodenarbeit mit Hunden**, ISBN 978-3-275-02158-1
Monika Schaal, **Der Weg zum aufmerksamen Hund**, ISBN 978-3-27502201-4
Julia Schuster/Jochen Schleicher, **Dog Frisbee**, ISBN 978-3-275-01755-3
Karen Uecker, **Hunde spielend motivieren**, ISBN 978-3-275-01998-4

Jedes Buch mit 96 Seiten,
ca. 80 Abb., broschiert,
ab ca. € 11,95 / € (A) 12,40

JETZT SATTELN WIR NOCH EINEN DRAUF!

NEU! Noch mehr sportliche Vielfalt

CAVALLO

XXL SOMMER-AUSGABE
50 % MEHR INHALT – GLEICHER PREIS!

ZUCHT
Warmblut mit Zukunft
Alte Linien für starke und gesunde Pferde

Das Beste für Senioren
Besuch im Oldie-Paradies

Helm-Check:
Welche Modelle bestehen die neue Sicherheitsnorm?

Zucht mit Weitblick:
Traditionelle Linien für starke Pferde

Partnerschaft stärken:
Training mit Konzept und Gefühl

Reithelm-Test
Wer besteht die neue Sicherheits-Norm?

Robuste Hufe
Auf diese Einflusse reagiert das Horn fix oder träge

Voll bei der Sache
Wie wir uns im Sattel optimal konzentrieren

Der Weg zum Traum-Partner
MOTIVIERT, VERLÄSSLICH, VIELSEITIG
Ein neues Trainings-Konzept für echte Verbindung!
...tisch erklärt an drei jungen Pferden

Jetzt **50%** mehr Inhalt!*

*Gültig für die Ausgaben 07/25, 08/25 und 09/25.

MEHR SEITEN + MEHR THEMEN + MEHR LEIDENSCHAFT

Im Handel oder online bestellen
Web: www.cavallo.de | Telefon: 0781 6396659 | E-Mail: cavallo@burdadirect.de